U0851053

声浪传播

互联网+

品牌新思维

李泊霆 著

南方日报出版社
NANFANG DAILY PRESS
中国·广州

图书在版编目（CIP）数据

声浪传播 ： 互联网+品牌新思维 / 李泊霆著. — 广州 ： 南方日报出版社，2015.11
ISBN 978-7-5491-1319-4

Ⅰ. ①声… Ⅱ. ①李… Ⅲ. ①品牌营销 Ⅳ. ①F713.50

中国版本图书馆 CIP 数据核字(2015)第 238511 号

SHENGLANG CHUANBO
声浪传播——互联网+品牌新思维

著　　者： 李泊霆
出版发行： 南方日报出版社
出版统筹： 周山丹
责任编辑： 陈盈璐
装帧设计： 陈引全
责任技编： 王　兰
责任校对： 阮昌汉
实习编辑： 邹　璨
地　　址： 广州市广州大道中 289 号
经　　销： 全国新华书店
印　　刷： 广东信源彩色印务有限公司
开　　本： 889mm×1194mm　1/16
印　　张： 16
字　　数： 12.8 千字
版　　次： 2015 年 11 月第 1 版
印　　次： 2015 年 11 月第 1 次印刷
定　　价： 38.00 元

投稿热线：（020）87373998-8503　读者热线：（020）87373998-8502

网址：http://www.nanfangdaily.com.cn/press　http://www.southcn.com/ebook

发现印装质量问题，影响阅读，请与承印厂联系调换。

我们要感谢如今的社会，能拥有如此开放的市场。

这市场似大海般无边无际，

每个品牌如浪潮般地涌动着，浪潮有高亦有低。

波浪起伏，但海水依然；没有海水，就没有波浪！

虽然波浪起伏后又成为过去，但冲浪的精神始终不会停息！

诗意摄影·生命之歌

赵善广

生命

用弯曲

写作成长的乐章

风雨的搓揉

让生命的航线

荡起阵阵绿色的涟漪

串串涌动的

音符

奏出自然的交响

起伏

波折

生命共同的歌！

摄影作品取材于荷塘，那是台风刚刚吹过的荷塘，满池的荷花已经被风吹得东歪西倒，阳光穿过七零八落的荷叶照在深处的一片倒卧的荷叶上，此时我用镜头发现了它——阳光把两条叶秆的阴影投射在了荷叶上，形成两条像五线谱一样的线条，线条伴随着荷叶自然的弯曲柔动组成了非常美妙的音乐画卷。于是，我按下了快门！显然，这是一首活着的生命之歌。有了主题，诗就自然而然地在我的脑海中流出来了。创作的重点在立意，而成功则基于勤观察和善思考。我的好友泊霆先生就是这样的一个人，推荐大家好好品味此书！

执着出真知

刘宁荣

泊霆是我的学生，在攻读港大的整合营销传播研究生课程时，他给我的印象是为人诚恳，做人厚道。而他也是我们港大推崇的终身学习的实践者，不停地学习、掏空、再学习。他做事执着，在品牌策划推广的道路上沉淀了十多年，不断地耕耘，是一名扎根本土的品牌与营销的实践者。他为人低调，在朋友圈子里有不错的口碑，我喜欢用“淡泊宁静”来描述他。

但他常常有自己的看法与思考。他在港大念书时已对研究中国本土品牌表现出强烈的兴趣，在长期的商业实战中他不断地累积经验、探索规律，提出了“声浪传播”的理念。他用“声浪”比拟品牌的传播过程，将品牌传播具象化。他于2009年出版了《声浪传播：破解品牌密码》，并在随后的几年里在自己的实践中总结与修正。六年磨一剑，现在又在全网营销的新起点上推出这本新书——《声浪传播：互联网+品牌新思维》。这本书是一个中国本土营销人对品牌的思考与实践的结晶。我相信通过此书，大家一定能感受到他孜孜不倦的追求与他身上体现出的对本土品牌的自信。

品牌是产品的灵魂，不过现今很多中国企业常常是走得太快，灵魂跟不上。企业往往只从自己的角度考虑要生产和推广什么类型的产品，并且容易跟随市场上的同类企业与同类产品，却很少考虑如何让自己的产品有灵魂。如今在“互联网+”的新时代，企业与消费者之间沟通的多层屏障逐渐被打破，消费者拥有更大的选择权。企业该如何应对这个大浪潮？归根到底还是要看品牌，而具有强大生命力的品牌，无一例外都能充分而快速地理解市场的需求与消费者的需求。

书中提出了品牌在“互联网+”时代下的“五步走”策略——原点、发声、回声、无声、无声崇拜。品牌并不是单纯抓住一两个点便能做强做大的，它需要系统规划，并清楚地把握每个阶段的不同做法。泊霆在这本书里，从独特的视角系统地梳理出了一个品牌成长的脉络。他对品牌的解读总是使用本土人熟悉的字眼，通俗易懂、过目不忘，相信能帮助读者更全面地理解品牌之道。

在此，我诚意向大家推荐这本《声浪传播：互联网+品牌新思维》，希望这本书能给你带来更多的思考。

（本文作者系香港大学SPACE学院副院长、教授）

从心发声

朱 磊

一切品牌“名望”的产生，都源于消费者的内心。消费者内心的活动，是外力影响的结果。消费者的内心受到各种外力的影响而产生情绪，产生交流分享的意愿，就会通过各种声音表达出来。这些不同的声音相互叠加交错，形成声浪，成就了品牌的“名”；在声浪中赋予积极的品牌内涵，使其和谐一致，塑造了品牌的“望”。声浪是品牌名望的载体，也是品牌名望的基石。“感于物而动，故形于声”，读泊霆兄大作，感悟良多，择其要者而言之：其一，要倾听消费者的声音，然后消费者才能听到你的声音，这是一种基本态度。其二，学会发声，首先要回到原点，说出人话；然后学会思考，发出文化之声、生命之声。其三，要在互联网上发声，联系群众一起发声，制造声量；借力高端人群发声，制造回声；让朋友一起发声，营造口碑。最后，我们就可以“润物细无声”，用一种精神，让消费者发出共鸣之声；用一种力量，让品牌、消费者和社会共奏天籁之声。

（作者系暨南大学新闻与传播学院硕士研究生导师、东京经济大学传播学博士）

一击即中！这个理论不是我发明的或者预设的，而是我在近20年的大量实践和研究中总结出来的思维方式，从2006年提出来，至今已出版了两部专著。

在“互联网+”时代，如何成为领导品牌，领导品牌成长的脉络是什么，品牌发声的轨迹和方法又是怎样的，这本书会做出回答，这就是“声浪传播”的真实价值所在！苹果的乔布斯把“声浪传播学”用好了，格力在用，小米也在用，传统品牌在用，互联网品牌更要懂用！

（本文作者系声浪传播学创始人）

众议

Resonance

企业家与本书观点的共鸣

互联网思维里有很重要的一条——群众路线，就是“深入群众，相信群众，从群众中来，到群众中去”。

——小米｜雷军

只有你的员工真正发自内心地热爱品牌，这家企业才能创造一个伟大的品牌。做品牌要从员工开始，由内而外，才能做好一个品牌。让员工了解自家品牌太重要了，决定了他们做事情的方向、结果、质量、细节。

——茵曼｜方建华

做食品就是做良心，一块饼干就是一份责任。

——思朗饼干｜袁汉思

在我心目中做品牌和做人是一样的，即你这个人在朋友心目中到底有多少分量，这是你本人的品牌。同样，一个企业在老百姓的心目中到底有多少分量，这就是企业的品牌。

——新东方｜俞敏洪

不是你想走高端就可以高端，高端最大的特点就是创新，因为高端就意味着高品质的产品和服务以及有品位的生活方式，提供这些离不开创新，如果没有创新就不可能有这些，也不可能打造成高端的品牌。

——方太｜茅忠群

微笑，是世界上最美好的事。我的心愿很简单，就是希望看见客人与同仁脸上的笑容，在每一个细节处温暖客人的心，也因为如此，我希望团队主管能更用心，每位同仁能更开心，这样的服务才有深度。

——鼎泰丰｜杨纪华

我们的经营思维，从核心价值到策略定位，到营运模式，最重要的是希望诚品的存在能够利己、利他，能够利众生。

——诚品书店｜吴清友

做好一件衬衫、一件 T 恤是凡客的本分，也是我在重新做人。

——凡客｜陈年

质量是诚信的根本。我们要在保证质量的基础上，化解价格问题。格力电器要在材料供应、生产、管理、技术和销售、服务的每一个环节上促成良性的诚信循环，这样才能使市场和消费者对格力有信心，使“百年品牌”的梦想不会落空。

——格力｜董明珠

品牌包括“品位和口碑”两方面，品牌里带有文化和精神，所以品牌不等于广告，依靠广告投入赚取的只是知名度，而真正的品牌是依靠口碑相传的，品牌的“品”就是口碑相传，“牌”是要有品位，有文化内涵的。

——阿里巴巴｜马云

在网络上，如果让顾客失望的话，品牌的评价便会一落千丈！

——亚马逊｜贝佐斯

我们需要切身去贴近用户，了解用户的需求。而社交媒体就是与用户互动沟通的最佳渠道，每名联想员工都该通过社交媒体成为公司的大使。

——联想｜杨元庆

管理品牌是一项终身的事业。品牌其实是很脆弱的。你不得不承认，星巴克或任何一种品牌的成功都不是一次性授予的封号和爵位，它必须以每一天的努力来保持和维护。

——星巴克｜霍华德·舒尔茨

要完美地设计某个产品，我的秘诀就是聚焦和简单。简单比复杂更难，你的设计想法必须努力变得清晰、简洁，让产品变得简单。因为你一旦做到了简单，你就能移动整座大山。

——苹果｜乔布斯

如果有人喜欢或者讨厌某件东西，他就会在网上告诉朋友，朋友会告诉他的朋友。当消息传播在网络上呈几何级扩散的时候，一件事的真相就会很快被大家知道。所以口碑是我最关注的。

——特斯拉｜埃隆·马斯克

我们努力使自己在市场营销方面变得与众不同，我们的品牌与儿童、家长建立了深厚的个人关系，通过这种关系让他们乐于参与到我们的品牌建设中。

——乐高｜克努德斯托普

目录

Contents

绪论　互联网+品牌声浪，会怎样？ / 001

无论是互联网+什么，无论是创业还是升级转型，要成功都离不开品牌声浪。我越来越感受到“品牌”在我内心里的力量，它非常真实地影响着我的生活！

1. 品牌声浪的奥妙 / 004
2. 移动互联网下的品牌声浪 / 008
3. 从声浪传播学看社会化营销 / 017
4. 倾听消费者的心声 / 022
5. 品牌声浪圈 / 030

第一章　原点区 / 033

做品牌就像用圆规画圆，有了明确而又坚定有力的原点，才能画得好！如果原点位置没选对或不坚定，那画出来的圆就永远都无法圆满。

1. 品牌乐章的指挥家 / 036

　　1.1　握好品牌声浪的指挥棒 / 036

　　1.2　抓好互联网这把利剑 / 040

1.3 不忘初心，一直创新 / 043
1.4 “觉醒”的企业家们 / 045
2. 品牌乐章的音符 / 048
2.1 品质是关键 / 048
2.2 创新是源泉 / 050
2.3 互联网思维是趋势 / 059
3. 品牌乐章的伴奏 / 063
3.1 员工服务 / 063
3.2 售后服务 / 065
3.3 物流服务 / 067
4. 品牌乐章的成员 / 069
4.1 企业与员工的二重唱 / 069
4.2 没有输家的战役 / 072
5. 最给力的发声点 / 073
5.1 由产品属性主导的品牌定位 / 074
5.2 由消费者主导的品牌定位 / 077
5.3 品牌再定位 / 079
5.4 品牌定位可以很简单 / 081
6. 润物细无声 / 084
6.1 台湾掌生谷粒的物质文化 / 085
6.2 阿里巴巴的制度文化 / 086
6.3 海南航空的精神文化 / 087
7. 看得见的声音 / 089
7.1 好名难得 / 089
7.2 会说话的 LOGO / 091
7.3 声音符号 / 095

8. 让声音变声浪 / 096

8.1 密度 / 097

8.2 韧度 / 097

8.3 广度 / 098

第二章 发声区 / 105

不发出声音，就没有市场！品牌与消费者的关系，如同你在山谷里呼喊，如果声音太小，可能山也不会用回声来回应你！

1. 兴风作浪 / 108

1.1 掀起小风波 / 108

1.2 发声莫贪多 / 110

1.3 借力互联网 / 113

2. 一石激起千层浪 / 118

2.1 万和：借力赵薇 / 118

2.2 快克：借力姜文 / 120

2.3 凡客：借力韩寒 / 122

2.4 999：借力《爸爸去哪儿》 / 123

2.5 九阳：借力《舌尖上的中国》 / 125

3. 圈子里的声浪 / 126

3.1 微博 / 127

3.2 众筹 / 129

3.3 微商 / 133

3.4 微信公众号 / 135

3.5 海外新媒体 / 136

3.6 淘品牌 / 139

INTRO 绪 论

互联网+品牌声浪，会怎样？

无论是互联网+什么，无论是创业还是升级转型，要成功都离不开品牌声浪。我越来越感受到“品牌”在我内心里的力量，它非常真实地影响着我的生活！有一次出差停留在机场，因对谭木匠品牌的好感而进了它的专卖店。我头发短，本来没有梳头的习惯，却因为偶然进店喜欢上了它们家的梳子。自从买了梳子后，就带在身上天天梳头。我还喜欢亚马逊，同样也买了它们家的kindle，书也看得多了。可以说，我们往往会因为喜欢这些品牌而改变生活习惯。

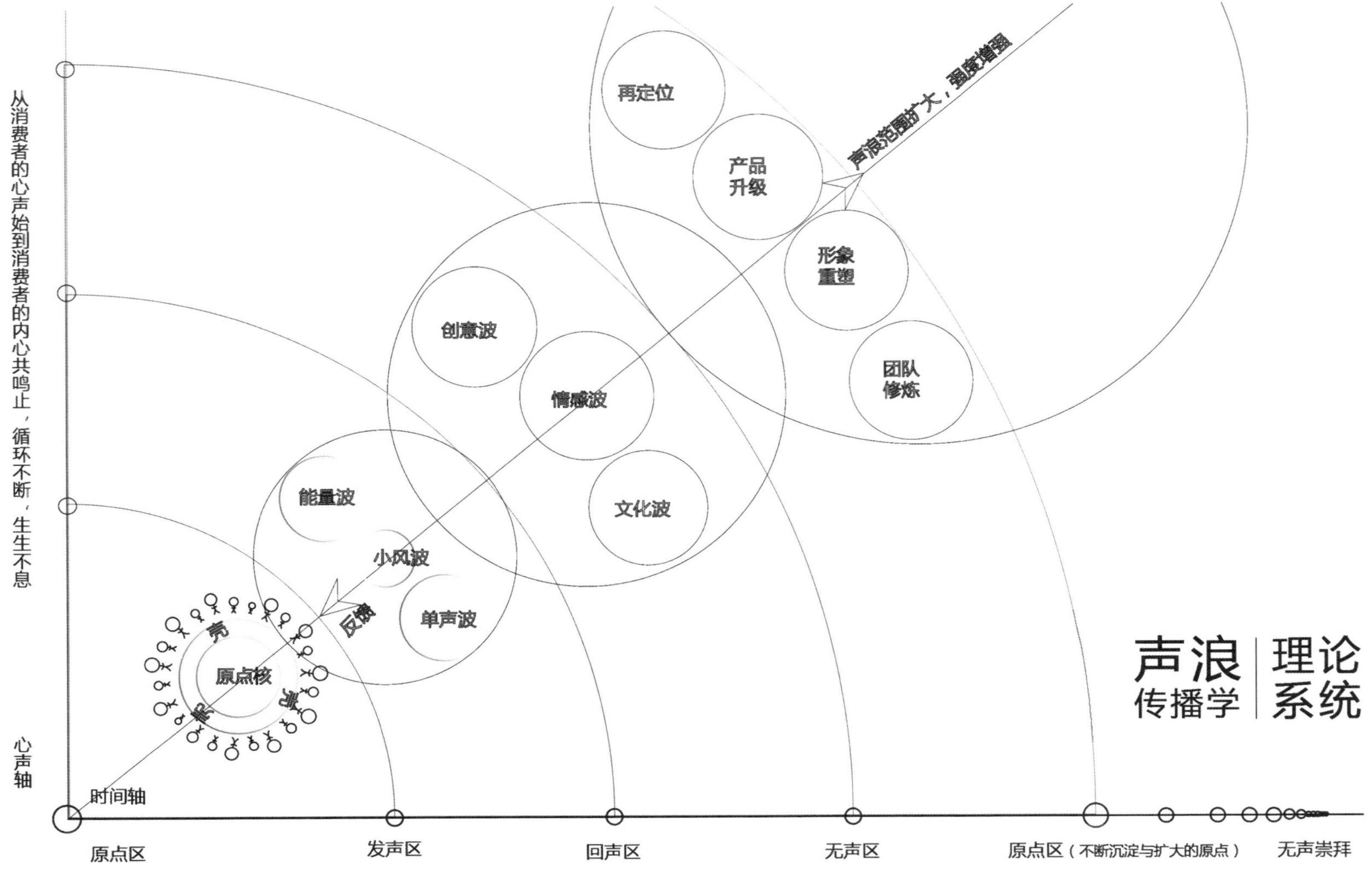
声浪传播学
理论系统
从消费者的心声始到消费者的内心共鸣止，循环不断，生生不息
心声轴
时间轴
原点区
发声区
回声区
无声区
原点区（不断沉淀与扩大的原点）
无声崇拜
原点核
壳
反馈
能量波
小风波
单声波
创意波
情感波
文化波
再定位
产品升级
形象重塑
团队修炼
声浪范围扩大，强度增强

- 随着国务院总理李克强在 2015 年全国两会中提出要“制定‘互联网 +’行动计划”，“互联网 +”概念立刻成为众多媒体和舆论关注的焦点。当下，“互联网 +”是一种新的经济形态，它重新定义了大部分行业的规则，更是颠覆了信息传播的固有格局。

- 对企业而言，现在企业单纯地做产品已经很难取得高利润，销售人员的触角也很难深入到市场的各个角落，再加上不停涌入有限市场空间的模仿者与竞争者以及不断出现的商业新概念、新思潮，企业的生存环境危机四伏。

- 对消费者来说，在同质化产品日益泛滥的市场环境里，消费者正被移动互联网多屏互动的各种宣传广告信息包围着，导致很多时候消费者在购买决策过程中出现了“选择障碍症”。随着年轻一代逐步成为主流消费人群，他们的用户需求较以往有很大不同，不再只是看重产品质量，而且更青睐产品的创新力和附加值。那些有着鲜明态度、独特情怀的产品更能俘获这类消费群体。

- 面对当下的局面，消费者形态和观念已经改变，“互联网 + 品牌”是企业杀出一条血路的一个关键点。企业要用互联网思维来升级品牌的所有发声点，包括企业家、员工、企业文化、合作商、产品、广告、微营销等。尤其是在产品上要注入品牌价值，赋予人文关怀，实现从产品到品牌的蜕变，再依靠互联网多方位的信息传播将品牌曝光、升华。这样，企业才能在充满挑战和机遇的市场环境下找到生存与升级的门道，在未来五到十年的移动互联时代里筑牢根基，驰骋商海。

1 品牌声浪的奥妙

品牌建设是个很庞大的系统，需要从运营、产品、传播等方面去维护发展，而且它是一个持久的过程，需要时间的沉淀，不能一蹴而就。因此我们通过自身多年的实践，挖掘出一些优秀企业的品牌建设经验，特别是与互联网相关的案例，总结整理出一套理论体系来帮助企业统筹品牌建设的各项工作。

这一理论体系我们称之为“声浪传播学”，主要分成五大阶段：原点区、发声区、回声区、无声区和无声崇拜。原点区是由品牌声浪的发声体及其所具备的传播能力构成；发声区和回声区是品牌声浪的各种对外传播策略；无声区是品牌声浪沉淀新生，韬光养晦的一个过程；无声崇拜则是品牌声浪的至高境界，无声胜有声。

“品牌声浪传播”涵盖了品牌从诞生、成长到成熟的整个生命历程，丰富多彩，波澜壮阔。它以倾听消费者心声为基础，贯穿整个品牌发展历程，从原点区出发，建立起自成一套的品牌原点系统，接着开始进入发声区，通过不同媒介发出品牌声音，不断调整发声策略达到回声区，引起消费者共鸣，然后重新回到原点区，挖掘新意，升华品牌内涵，再次发声到回声，之后又回到原点区……它是一个反复沉淀、不断创新的发展过程，也是一个哲学式的演变过程，最终到达品牌的无声崇拜。

◎ kindle：入华的品牌浪潮

亚马逊 kindle 电子书作为硬件与内容并行发展的标志性产品，自 2013 年正式在中国上市后，以强势的品牌竞争力成功稳占中国电子书市场半壁江山。在kindle未入华之前，电子书对消费者来说只是一台昂贵、单一的阅读机器，而且因为盗版猖獗、国民阅读率低等原因，电子书仅存活于“小众市场”。然而，这一切都因kindle的到来而发生了变化。

（1）kindle 的原点孵化

kindle能在中国刮起热潮首先是因为它在原点区下了很大的功夫，通过产品技术的革新来为消费者创造更优越的阅读体验。从硬件设计上看，kindle在国内上市的第一款产品便以它轻薄的手感给消费者带来了良好的第一印象。它的机身表面均采用经过磨砂处理的工程塑料，用户能舒适地单手掌控机器，不会出现打滑现象。而且它配置了背光功能，让用户随意调整光线亮度以便能在任何环境下阅读。从软件支持上看，kindle致力于引领电子书更好地融入移动互联网中。kindle到来之前，国内尚没有一款电子书可以实现在电脑、手机、平板电脑上无缝同步阅读的功能。当时的国内电子书品牌还停留在单机作战的层面上。kindle通过后台采用先进的“云”技术进行庞大的数据处理，成功地实现多终端之间的云同步，包括阅读的进度、笔记、标注和书签等。

不仅如此，kindle在原点区做的另一动作是为用户提供更优质便利的阅读服务。亚马逊网站涵盖了 20 万种电子书和 100 多种主流杂志与报纸，其中丰富的外文资料对很多中国用户而言是一大亮点。而且它与国内 400 多家出版社建立了合作，其中既包括商务印书馆、人民文学出版社、上海三联书店、中信出版社等国内主流出版社，也包括磨铁图书、中南博集天卷、新经典等快速发展的新兴图书公司。除此以外，亚马逊还有诸多创新服务，如用户书评、推荐类似书目、精确关键词搜索、一键下单、预览部分章节等售前服务以及强大的售后推送服务。用户可以利用网站账号注册一个云存储空间，预约感兴趣的报刊等资源，一旦最新一期更新后，网站便可将其发送至云存储空间供读者下载阅读。

（2）kindle 的创意发声

kindle 别出心裁的创新原点构建让用户的体验得到质的飞跃，但它仅仅凭借这一点是很难掀起品牌声浪的，还需要通过发声来赢得消费者关注，引起他们的心声共鸣。

2014 年 4 月，kindle 开启在中国第一波发声运动，在电视、互联网等媒介上大面积投放一支中国版 TVC 广告。广告的核心创意是“笔和纸”，它别出心裁地以手绘实拍、动画演示和手工剪纸等独特方式来展示出 kindle 的两大优势：简单、人性化。这支 TVC 的推出不仅让熟悉品牌的用户从中产生强烈的品牌认同感，还以一个让人眼前一亮的形象闯进那些本不了解品牌的人群的视野里，让 kindle 的品牌知名度在全国范围得到一次大提升。

虽然这一波发声运动让 kindle 声名大噪，但要真正能触动用户的心弦，这样的发声是不够的。为此，同年 11 月，kindle 用一种创意发声征服了它的受众群体，那就是名为“千书随行”的品牌传播活动。一天，上海某个地铁站出现一个长达 25 米的书架长廊，上面摆满了琳琅满目的各种书籍。远远看去，仿佛来到了《哈利·波特》书中的霍格沃兹魔法学院的藏书馆。

路过的人们都被这巨型的书架吸引住了，驻足观看，无不被这庞然大物震撼了。而书架中间的广告牌写着“想把这里的书全带走，享受阅读随时随地？一部 kindle paperwhite 就够了！”这样一句广告词，更是将人们震撼的心境推向制高点。

kindle 这次发声除了给人以极大的视觉感官冲击，还给受众带来了一次良好的线上线下活动体验。这条长廊书架的一千本书是从哪来的？原来是 kindle 事先在微信上推出提交书单活动，读者从中挑选个人最爱的书单并提交，最受欢迎的千书最终被展示在户外广告巨型书架上。而且参与活动的用户只要在现场扫码即可有机会赢取 10 台预装千本电子书的 kindle paperwhite 和 2000 张 20 元购书券。

kindle 这次千书随行广告活动，融入了户外、移动互联网、社交参与、事件营销等多维品牌传播元素，贯穿着用户线上线下互动的全过程，让他们从视觉到心灵都能享受到阅读的魅力。

亚马逊 kindle 虽然是一个大型跨国企业，但是它的做法对中小企业林立的中国同样有很好的借鉴作用。因为纵观 kindle 入华短短一年多的品牌声浪之路，不难发现它是先在原点区革新蜕变，用创新科技去升级产品，不断提升用户体验。正是这卓越的产品认知品质赢得用户的信赖，让他们着迷，造就一股强大的粉丝力量。当 kindle 的原点区建设已成规模后，它开始谋划如何用创意发声来制造品牌声浪，让更多人了解它的产品，认知它的品质，进一步提升品牌知名度与美誉度。因此，品牌声浪的奥妙在于企业拥有足够强大的品牌原点以及十分出众的创意发声。

2 移动互联网下的品牌声浪

我们已经了解品牌声浪的奥妙在于企业拥有足够强大的品牌原点以及十分出众的创意发声。另外，企业还需要紧跟时代步伐，用全新的革命性概念去升华品牌声浪。

Facebook 和 iPhone 两个跨时代产物的诞生，标志着我们踏进了移动互联网时代。这时人与人之间的信息交流发生了重大变革，以至于给众多事物带来了颠覆性的影响。品牌声浪传播也是如此，互联网给它带来了三股强势的冲击波：

第一是“用户体验”。用户体验是用户使用产品过程中建立起来的纯主观感受。它是一个一直都存在的概念，直到移动互联网自媒体的日益成熟，人人都有话语权，用户体验才越来越受重视。它的影响力贯穿于企业从品牌原点构建到发声传播的全过程。

第二是“创意推广”。企业做推广愈加要回归到创意制胜的本质。这包括两大层面：推广方式与推广内容。传统的推广通常是灌输式的我说你听，只是单方面把产品信息推向消费者。移动互联网时代的推广更多的是以消费者的兴趣为起点，吸引他们来参与体验，再展开对话。

第三是“口碑效应”。消费者购买决策不再限于广告信息传播，在社交化、互动化的移动互联网传播环境中，那些散落在微博、朋友圈、豆瓣、知乎、果壳、大众点评网等社区站点的“点评信息”更容易到达用户内心，成为影响购买决策的重要因素。

因此，企业首先要学会积极倾听消费者的心声，保持互动与沟通，提升用户的参与度和需求满足度。接着企业在做推广时不仅仅需要向消费者提供商品的信息，更要用创意去提高内容质量，带给消费者新鲜、惊喜、感动，让他们为之触动，萌生分享给身边人的想法，达到二次传播的效果。最后企业只要能够影响大众自发口碑评论，那么就能在品牌声浪传播中掌握主动，让传播的信息更有说服力。

◎ 特斯拉：征服移动互联网的三道坎

2014 年 1 月，在全世界掀起电动汽车风暴的特斯拉公布了在华售价，仅为 73.4 万元，远低于预期。众所周知，同样一辆豪车，在国外售价低，进口到中国价格会飙升一两倍。但特斯拉做出了相当有勇气的定价策略，一时之间引起了业界和用户的轰动，成功打响了入华发声的第一炮。

作为移动互联网下诞生的汽车新品，从特斯拉的定价就能看到它身上的互联网基因。它在官方声明中用数据详细解释了定价的因由，符合互联网公开透明、有理有据的特点。除此以外，它在品牌声浪中如何驾驭移动互联网？它怎么应对这三股冲击波？

（1）特斯拉的用户体验

在产品硬件技术上，特斯拉做了很多颠覆性的创造。例如特斯拉几乎取消了车内所有的物理按键，取而代之的是一个十七英寸的液晶屏中控板，汽车的功能例如音量和温度的调节、导航方向的控制都能在上面操作完成。这样显得概念十足，让人跃跃欲试。另外特斯拉也是将真正的云服务带给了消费者。它通过中控板与手机的连接，实现了用手机远程操控汽车的一些功能，能够显示和保存地理位置、剩余电量、行驶速度、里程数

克个人和特斯拉品牌的传播面都得到了扩大。

(3）特斯拉的口碑效应

特斯拉在第一批客户的选择上有着明确的标准，主要是硅谷英雄人物和好莱坞明星，像谷歌创始人佩奇、明星州长施瓦辛格等等。然后特斯拉邀请这些“种子”客户在个人自媒体上写出使用特斯拉的体验和感受。这些点评会因名人效应而受到媒体的关注，引发公众讨论。这不仅给特斯拉带来了很多品牌曝光机会，也让特斯拉的口碑上扬飘红，在市场中形成一股粉丝崇拜。

综上所述，特斯拉的品牌声浪极具互联网风格。马斯克用他的互联网思维去打造出这样一辆硅谷概念电动跑车，再融入创意、科技、环保等时下主流元素，成功撬开了传统汽车行业把守的大门，屹立在这片市场之上。特斯拉的做法也阐释了在移动互联网下品牌声浪传播学的革新。

虽然特斯拉入华一年来因充电桩配置和营销力度跟不上而导致销量业绩不佳，中国区团队也在不断更换调整，但毕竟电动汽车在中国是一个新兴产物，需要时间去培育市场和客户。目前特斯拉正在集中力量完善充电基础设施，已经跟联通、各大酒店等企业合作建设充电桩。在未来，特斯拉将要在中国投建除美国之外全球第二大充电网络。特斯拉舍得花大力气继续提升用户体验，而且始终坚守互联网商业态度，不骄不躁，相信它入华的前进之路将会越走越顺。

从特斯拉的案例我们可以看到品牌声浪需要越过移动互联网带来的三股冲击波，这样才能让企业更好地掌控发展态势，获得市场主动权。这些跟声浪传播学的“原点”“发声”和“回声”不无关系。在某种程度上，用户体验 = “原点”，创意推广 = “发声”，口碑效应 = “回声”。

◎ Airbnb：用声浪传播制胜移动互联

Airbnb 是 Air Bed and Breakfast（“Air－b－n－b”）的缩写，中文名：空中食宿。它是一个旅行房屋租赁社区，用户可通过网络或手机应用程序发布、搜索度假房屋租赁信息并完成在线预订程序。无论旅行者想在公寓里住一个晚上，或在城堡里呆一个星期，或在别墅里住一个月，在 Airbnb 都可以找到合适的房源，并且价格合理。

Airbnb 成立于 2008 年，但仅过了半年便面临崩溃的局面。当时 Airbnb 每周的营收仅有 200 美元，而且长期保持这一水平。然而到 2014 年，Airbnb 的融资总额已达 8 亿美元，成为全球租赁房源超过 60 万处，覆盖 192 个国家 3.4 万多个城市，公司价值突破 100 亿美元的世界上最有价值的创业公司之一。

这五年来，Airbnb 到底用了什么法宝扭转局面呢？答案就是它善于在移动互联网上掀起品牌声浪。

（1）Airbnb 的原点构建

Airbnb 这一新兴模式的好处显而易见，人们可以以更便宜的价格入住家庭旅店，而不必破费预订专业的酒店宾馆，并且还能与当地人交流结识，成为朋友。但也有另一种声音指出，不法分子借机从事盗窃、抢劫等犯罪活动。这样的担忧不无道理，Airbnb 若想继续成长，就必须面对用户之间的相互信任问题。这是它在原点构建中遇到的第一个障碍。于是在 2011 年夏天，Airbnb 开放了社交网络连接功能，允许用户接入他们的 Facebook 账号。这样一来，旅客和屋主都可以事先考察对方的背景资料，在预订、比价、入住、退房等环节上进行交流沟通，以决定是否居住或出租。当达成一次交易后，旅客可以在屋主出租房源信息底下留言点评。这些旅客的入住感受不仅促进屋主形成个人品牌，也让 Airbnb 变得更真实可靠，更具品牌吸引力。

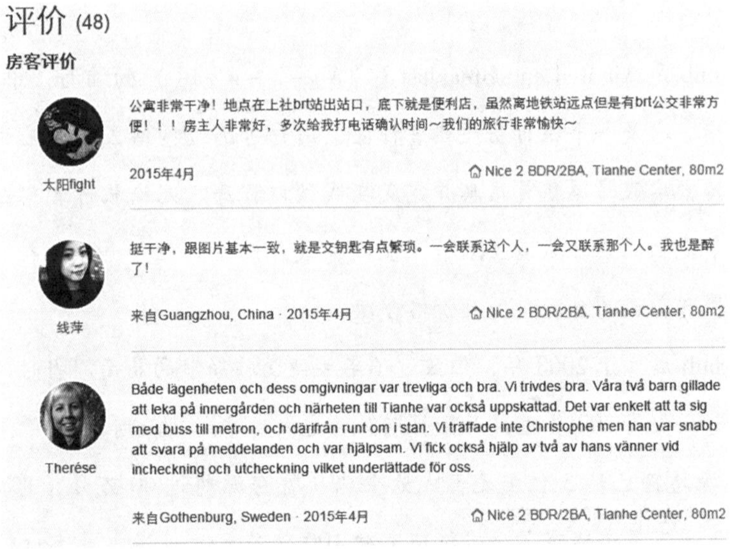

在解决用户之间的信任问题后，Airbnb 遇到原点构建中的第二个障碍——如何吸引更多的用户，并维持他们的用户黏性。于是 Airbnb 通过呈现丰富的内容成功地把这种简单的租赁服务上升到一种视觉情感共鸣的层次，让用户在使用浏览中感受到生活的美好，成功越过了这个障碍。

打开 Airbnb 的网站或者 APP，会发现它图文并茂，色彩丰富，即使没有租房的需求，任意浏览也是一种享受。因为 Airbnb 在世界各地聘请摄影师，为出租的房屋拍照。带有巧思的室内设计在专业摄影的呈现之下，更加吸引人，体现出屋主的个性与品位，也提高了整个 Airbnb 上房源的视觉呈现效果。除此之外，Airbnb 团队还做了不同的城市系列推介，通过搭配赏心悦目的照片与高质量的文字排版，细致地描绘了每个城市的特色，给人一种立刻就想收拾行囊，开始旅行的冲动。

至此，Airbnb 不再是单纯的一个交易平台，而是把社区化、情感化带入一个有着极好视觉体验的设计产品里，使用户被创意的设计所吸引，还有简洁易用的交互界面为用户提供极佳的体验。

（2）Airbnb 的创意发声

Airbnb 的发声极具互联网特色。在创业初期，Airbnb 通过可以一键分享发布信息到 Craigslist（美国的“58 同城”，可以发布租房信息），从而在 Craigslist 上吸引到大量用户。因为只要在 Airbnb 一处发布信息就能同时出现在 Craigslist。这不得不说是互联网思维下借力发声的一个经典案例。

微电影是在互联网下催生的一种新型产物，也是品牌发声的一种热门方式。Airbnb 当然不会错过这个机会，适时发布了一部《欢迎来到 Airbnb》微电影，通过一列火车的视角，带领观众游历古堡、树屋、海边小屋、奢华豪宅、简约的小公寓……整个世界仿佛变成了童话乐园，房间不再只是单纯睡觉的地方，而是另外一种体验旅行的方式。这部影片的迷你房屋、迷你火车、迷你轨道、迷你人物、迷你森林，都是手工打造，细腻的工艺使得这部影片迅速传遍了全球。

事件营销同样也是品牌在互联网下发声的热门方式。在 2014 年 6 月的巴西世界杯期间，Airbnb 与巴西旅游局合作，鼓励当地民众敞开大门，成功帮助 12 个主办城市解决了几十万游客的住宿问题。而在 2015 年 3 月，巴西里约奥组委宣布 Airbnb 成为官方住宿服务赞助商，希望通过民宅出租来解决里约酒店少的难题。至此，Airbnb 与巴西机构牵手的事件经过互联网的传播后迅速升温，它的品牌影响力也在全球范围内得到提升。

（3）Airbnb 的回声共鸣

当用户达到一定数量后，Airbnb 开始思考如何激发用户共鸣来增加用户黏性。在 Twitter 上发起一系列线上线下互动活动是个好办法。如众筹“纸飞机”奇幻漂流——邀请世界各地的用户拍摄一段纸飞机“流浪”的短视频，然后 Airbnb 选出合适的片断拼接成一个微电影。这既给了大众用户参与互动的体验，又恰当地传达出 Airbnb 能给你一段独一无二的旅行的概念。

又如 Airbnb 发起“#One Less Stranger#”的活动，将 100 万美金赠与 10 万名用户，活动中被选中的人只须拿 10 美金上街随机“认识一个陌生人”，并将照片或文字传到自己的社群账号如 Twitter、Instagram 上，并加上专属标签，最后汇集在 Airbnb 的网站上。通过这种方式，Airbnb 使人们主动伸出友谊之手，间接鼓励屋主为陌生旅人敞开房门，让身处异地的旅人更有家的感觉。

再如 #NightAt# 的独特住宿体验活动，自 2014 年起在全球范围内开始拉开帷幕，把那些看似不可能住进去的地方，创造性地改造成为可以预订入住的 Airbnb 之家。目前 Airbnb 已经推出了好几处个性房源，像荷兰皇家航空机舱公寓、悉尼宜家卖场、巴黎“老佛爷”百货、特斯拉房车、法国阿尔卑斯雪山缆车……

2013 年，Airbnb 发布了中文版网页，正式杀入中国市场。到现在不到两年时间里，Airbnb 做了不少互联网本地优化。除了推出中文网页，Airbnb 现在还支持新浪微博登录，支持银联支付，iOS 应用支持微信分享，还有专门根据中国不同安卓应用市场定制的安卓版手机应用。此外，它与国内最大的出境游一站式平台穷游网达成合作。用户不仅可以在穷游网全球 20 个热门城市，如纽约、伦敦、巴黎等直接预订 Airbnb 的房屋，还可以在穷游网全站搜索 Airbnb 查看它的穷游锦囊及相关热门游记。这样一来，Airbnb 借力穷游网插入了已经“打包”好的用户群，做了一次高效的网络推广。

3 从声浪传播学看社会化营销

在社会化媒体平台的圈子里，微信是当红炸子鸡，自媒体前仆后继；微博看似在走下坡路，但用户市场依旧强大，依然是各大品牌坚守的阵地；豆瓣是高冷的一枝独秀，至于盈利是“不能说的秘密”，企业可远观而不可亵玩；论坛只跟自己人玩，而人人网等 SNS 社区和博客已经淹没在社会化营销媒体大军里，成了企业品牌建设的鸡肋。在“互联网 +”的大时代里，各类品牌在社会化营销媒体上上演各种“小时代”，只求各位看官能够有钱捧个钱场没钱捧个人场。

品牌把目光投向社会化营销，有些媒体投其所好，分析社会化营销的文章一抓一大把，但都是在一两个品牌事例上扯不清。殊不知社会化营销发展到如今，都在声浪传播学中有迹可循。实践探索，理论先行，从声浪传播学出发，结合“互联网 +”理念，才能真正揭开社会化营销的面纱。

（1）声浪原点是社会化营销的话题中心

社会化营销把品牌传播线延长，吸引消费者成为推广渠道的一部分，这要求品牌把原点找准、扎深，以原点为圆心，才能把品牌声浪的圆画得更大。品牌的发声原点是最好的社会化营销话题中心，能够正确定位品牌声浪原点，才能围绕原点构建营销话题。因此，企业第一步应该是自省：企业实力是否能够支持长期的社会化营销活动，企业品牌影响力能不能承担社会化营销带来的名誉风险，企业品牌文化能不能承受得住消费者的质疑并让消费者认可。不管是新兴品牌还是实力品牌，都应该先打造品牌的“核”，如小米的口号“为发烧而生”，把小米的极致专注变成了一种新时尚，让品牌成为强有力的发声原点。

（2）发出声音需要品牌、热点、消费者三点合一

社会化营销离不开三大主体：品牌，热点，消费者。品牌是强有力的发声原点，热点则是时事热门事件的筛选。网络改变了人们的营销活动方式，它不仅突破了时间和空间的限制，还颠覆了传统的传播理论，随着网络发展而产生的微博、微信、电商等新兴事物，更是成为新一代的品牌声

浪传播平台。借力时事热点，首先能迅速引起消费者兴趣，关注话题，品牌的宣传攻势经过时事热点的包装缓冲，也更加容易被用户接受。

有时候，品牌没有合适的热点可借力，那就创造一个。提到社会化营销不能不提杜蕾斯。性话题原本是国人不愿摆上台面聊的私密话题，但杜蕾斯通过在新浪微博发布有趣的相关微博，通过和粉丝的调侃互动，成功塑造了一个健康大胆的品牌形象。杜蕾斯非常擅长抓住时事热点，通过有内涵的平面作品让粉丝笑出来，并且将之作为有趣的微博段子转发分享，而“杜蕾斯鞋套事件”更是被誉为在微博史上最成功的炒作之一。事情起源于北京一名网友称出门遇暴雨，正好有两个杜蕾斯保险套，便用来套在鞋子上防水，还把过程拍下来放在微博，引起极大反响，转发量超过7万——在“僵尸粉”还没那么猖狂的2011年，普通网友一条微博的转发量能达到这个数是很惊人的。杜蕾斯在原博发布两分钟后就转了这条微博并赞叹网友有才华，整个过程没有渲染色情而是调侃自家品牌，炮制了一场网络话题活动。

在杜蕾斯鞋套事件中，网友的大量转发导致杜蕾斯的品牌传播能力快速提升。消费者作为产品最终享用者，作为品牌传播的目标对象，成为了社会化营销中不可或缺的一环，是声浪传播过程中的核心要素。通过品牌

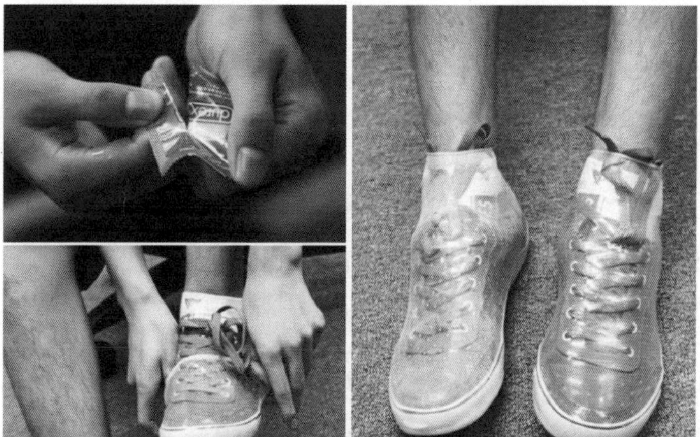

自身内涵以及时事热点的有机结合，可以帮助品牌发出最强音，但是要把声音变成声浪，就要发掘消费者潜在的品牌传播能力。

（3）声音变声浪，消费者变鹦鹉

“互联网＋”不是对传统行业的颠覆，而是换代升级，在这个变革阶段，消费者的位置变化最为明显。任何传播行为都包括三个核心内容：传播者、受众和传播工具（媒介）。传播者从传统媒介到关键意见领袖一直到今天的社会化营销阶段，已经形成将传播者和受众合二为一的新趋势，即消费者便是传播者。

社会化营销的不同之处，就在于传播方式“社会化”。产品的宣传定位不再是企业品牌一手掌控，而是更多地接受市场的考验和消费者的筛选，提炼出消费者喜爱的、真正需要的产品定位，借助消费者的口耳相传把品牌传播出去，才是有效的营销策略。

2013 年，湖南台亲子真人秀《爸爸去哪儿》播出后突然火爆，收视率一路飙升直至突破 3%，力压众多综艺节目，成为湖南台翻身之作，甚至进一步催生国内购买国外节目版权的浪潮。《爸爸去哪儿》开播至今已进行到第三季，收视依然一路飙红。相信大家对这样一个场景都不会陌生：

在星期五的时候新浪微博上就会出现一大波《爸爸去哪儿》的相关微博，各种截图和小视频为大众津津乐道，一些人气较高的内容甚至会在朋友圈流传，有些错过了电视首播的人被相关内容吸引便会选择观看网络版，热潮一直持续到星期天。这发布内容的人其中有不少的确是节目的粉丝，但是能够每次开播都冲上微博热门话题榜，节目自身的社会化营销策略功不可没。投观众所好，制造话题热点，吸引大批粉丝聚集热议，并且主动分享交流，把电视节目的关注度从线下引流到线上，为《爸爸去哪儿》创造了深刻的记忆点。

(4) 无声崇拜是社会化营销的最高境界

社会化营销最大的特点就是内容来源的丰富性（主要来源于用户原创内容）以及淡化营销过程中的雇佣关系（品牌自身起引导作用，把为品牌发声的主动权交给用户），从这两点来看，目前社会化营销似乎已经被运用得很好，小米通过社会化营销在行业内站稳脚跟，杜蕾斯在行业内更是一路领跑舆论话题，把品牌社会化营销做出了口碑。但是，这些就是社会化营销吗？

大部分人对社会化营销的认知只是建立在我们已经发掘了的那部分，认为形成声浪就是社会化营销成功了。社会化营销拥有互联网营销的许多特点：快速、便捷、话题性。然而当一个品牌在互联网时代崛起，以社会化营销传播的时候，品牌内涵很难沉淀下来。大量品牌淹没在热点话题里，不断重演热点迅速冷却之后重新炒作话题的循环，品牌永远在带着消费者跑，无法让消费者主动追随品牌。这是已经尝到了社会化营销甜头的品牌需要反思的：如何把社会化营销带进无声胜有声的境界，让品牌声浪传播步履不停？

社会化营销作为传播渠道变革的新趋势，为品牌声浪开辟了更大的互联网媒体营销平台，通过平等的沟通互动，把消费者的回声转变为品牌发声的一部分，让回声与发声一起让声浪更大、更悦耳。使营销人性化的关键是：品牌的声浪传播不是一场战争，因为没有敌人；这是一场交流，消费者是我们合作共赢的朋友。

4 倾听消费者的心声

透过上述的案例可以了解到品牌声浪传播的关键所在——企业需要用心耕耘品牌原点，抓住创意发声，达成消费者共鸣。那如何才能做到这些？为此，我们总结出一条黄金法则，那就是倾听消费者的心声。品牌声浪传播从消费者的心声开始，又以达成消费者的内心共鸣为止，在整个过程中消费者都扮演着核心要素的角色。倾听消费者的心声是品牌声浪传播的首要任务，它直接影响着企业要生产什么样的产品、做出怎样的行为、发出什么样的声音。

◎ YOU + ：打动了雷军，更感动了一群年轻人

2014 年 11 月，一则关于雷军花了 5 分钟决定投资 YOU + 青年公寓一个亿的消息在各大网络媒体上刷屏了。大家惊呼小米要杀入房地产行业了，业界也开始臆测 YOU + 能否用雷布斯的“小米模式”颠覆和改造房地产行业。

为什么 YOU + 能在这么短的时间内成功打动雷军？雷军是看中了 YOU + 的哪些价值？众所周知，雷军创办的“小米”非常注重用户需求和消费者体验。他正是看到 YOU + 身上同样具备这样的理念——乐意倾听消费者的心声。

（1）他们需要一个温暖的家

每个人都想在工作的城市拥有一个家，但是现实把大部分年轻人挡在了“家”门外——他们买不起房子，退而求其次只能租房居住。但是在传统的租房市场，房东与租客、租客与外界的接触都是冰冷淡漠的，年轻人感受不到家的温暖。YOU＋抓住了他们的内心痛点，通过打造一个紧密的公关空间和良善的社区氛围，用独有的“家”文化感染这些年轻人，让他们能在同一屋檐下体验家的温暖与交流沟通的快乐。与其他公寓相比，YOU＋称入住的租客为“家友”，允许家友们自由装修房间，在一楼大厅开辟了酒吧、咖啡厅、阅览室、电影院、健身房等设施，并且经常组织各种内部活动和沙龙，这些都是以用户为中心的做法。

（2）他们需要志同道合的朋友

很多年轻人都乐于结识更多志同道合的朋友，他们向往活跃自由的社区氛围。因此，YOU＋对入住的家友有着别具一格的筛选要求，以满足年轻人的社交需求。首先它要求必须到网上填写预约申请，等工作人员审核通过才能看房。YOU + 设置这一道关卡，一来可以按照不同的职业比例挑选家友，保证房客人员构成多元化，二来也能制造饥饿营销效应。此外，它制定了三条很有意思的“家规”：45 岁以上的不租，结婚带小孩的不租，不爱社交的不租。而对于已经住进来的家友，YOU + 还有社交 KPI 考核机制：一个月参加了多少社交活动，认识了多少新朋友。如果某个家友是宅男或宅女，会被评为不受欢迎的“家友”，那有可能被剥夺入住资格。这些都在强化着 YOU + 的社交属性，让异乡漂泊的年轻人可以拉近彼此的距离。

（3）他们需要实现自己的价值

年轻人除了要享受家的温暖和社交的快乐外，他们还想着通过创业来实现自己的价值。由此，YOU + 给年轻创业者创造一个寻求合作和资源整合的平台，让他们可以在一起研究项目，与来自各行各业的家友寻求资源互补。而且，YOU + 为他们提供创业项目的研讨与分享会，并引入投资人与项目对接。这样一来，YOU + 成为了一个创业孵化基地，帮助这一帮有着创业梦的年轻人实现他们的理想。

YOU + 现在还很年轻，刚在广州生根发芽。在前期市场培育阶段，

YOU + 只是在网络媒体上通过粉丝进行口碑传播。后来经雷军点燃一把火后，YOU + 可谓一夜成名，越来越受到年轻人的青睐。正是 YOU + 始终都在倾听着消费者的心声，不断用百分百的惊喜来实现他们的需求，才打动了雷军，更感动了一群年轻人。就在 2015 年 3 月，YOU + 携手 P2P 理财企业“懒投资”将租金收益打造成一款理财产品。这不也是 YOU + 乐于倾听当下年轻人心声的一个举措吗?

基于 YOU + 的案例分析，下面我们就可以给出“倾听消费者的心声”这一法则的定义：品牌声浪传播从企业自身的品牌原点建设开始，在这一过程中倾听消费者的心声，洞察消费者的真实需求，从而开发出满足消费者需求的产品，并通过时下有效的媒介组合策略来发出呼应消费者心声的品牌声音，达到一浪高过一浪、引起消费者内心共鸣的品牌传播效果。然而，品牌声浪传播并没有结束，企业会继续倾听消费者的心声，并通过调整未来的品牌声浪传播计划来进一步维护品牌关系。

虽然事实上绝大多数的企业家都已经知道并同意“倾听消费者的心声”，但是，目前有大部分企业不清楚自己的目标顾客是谁，不清楚顾客需求的背后动机，不清楚顾客的消费特点和决策过程。因此，大厦倾颓的案例比比皆是。

◎ 永辉超市“半边天”：忽视消费者心声终遇滑铁卢

2013 年上半年，国内超市巨头永辉超市开通名为“半边天”的生鲜配送网站，低调迈出试水电商的第一步，在当时颇受业内的关注。然而，这个经验丰富的线下零售商却在线上遭遇了滑铁卢：半边天网站运作不足两个月便悄然下线。

传统零售商“触电”失败，永辉超市并不是第一例。在这之前，华润万家、美廉美和卜蜂莲花等传统零售企业就曾经在线上业务受挫，就连国

际巨头沃尔玛，在电商这条路上也不得不步步为营。由此可见，线下零售向线上电商转型并非易事。那么，以“半边天”为例的传统零售商难以转型电商的原因到底是什么呢？

除了因为企业自身无法适应现行的电商模式之外，究其根源，就是没有做到倾听消费者的心声。线下向线上转型其实只是销售渠道的变化，但在整个交易过程中，“消费者”这一产品接收终端却是始终不变的。永辉、华润万家等传统零售巨头，在线下市场这片红海中能叱咤风云，但当向线上业务转型时，却没能踏踏实实地忠于市场需要，忽视了消费者的心声，最终在电商的战场上铩羽而归。

那么，消费者的心声到底是怎样？

(1) 他们需要的是“看得见”的新鲜

生鲜产品是永辉超市的主打优势。“半边天”作为一个电商网站，其主要客户是热衷于网购的年轻一代和家庭主妇们，这两个群体均对生鲜产品有着巨大的需求。然而，永辉线下的“成也生鲜”，到了线上竟成了“败也生鲜”。首先，对于讲究产品新鲜程度的消费者来说，眼见方能为实，但是光靠浏览网页上的产品图，显然是无法判断产品的新鲜程度的。

其次，生鲜产品对储藏、运输要求非常高，产品在历经颠簸之后到底能否“鲜活到手”，“半边天”并不能做到100%保证。因此，对消费者而言，在“半边天”上网购生鲜产品看似方便，实质其产品质量风险远高于在线下实体超市挑选购买。

（2）他们需要的是可以接受的价格

对消费者来说，网购与线下购物相比具有省时省力的优势，但产品价格依然是消费者最关注的重点。不难发现，虽然半边天网站上的产品裸价和实体店相同，但由于生鲜产品运输成本不菲，高额的配送费摊到了消费者的头上。如此一来，网购生鲜产品虽然节约了时间和体力，但消费者却要为此支付远超出他们心理底线的金钱，“半边天”赫然成了高投入高风险的代名词，生鲜电商被顾客抛弃成为必然。永辉对成本控制小心翼翼，却忽略了消费者的心声和需求，在自身和消费者之间竖起了高墙。在这种情况下，半边天网站难以为继，确实是意料之中的事情。

（3）他们需要的是更大的便利

“半边天”原本计划为会员提供生鲜配送服务，会员可以选择一周一送或者一周两送，并且需要提前打电话预约。但是这样的配送频率显然无法满足消费者的需要，更不要说随时可能出现的配送延误问题。除此之外，虽然永辉的线下门店覆盖面较广，但由于其分布不均，密度不够，无法为足够多的顾客提供快速配送服务。总而言之，“半边天”的低频率配送为购买设置了门槛，并且又难以保证产品快速送达，如此的双重不便必然令消费者望而却步。

如今，在永辉超市官网，早已不见“半边天”的标签，网站也悄然下线。这个生鲜巨头的电商战线，就这样随着泽熙投资的全线抽离而彻底崩塌。永辉电商首战的败北，正是忽视消费者心声的恶果。在这个消费者需求导向的市场之中，不论是线上还是线下，消费者对于市场的主导地位始终是不可撼动的，只有倾听消费者心声、真正满足消费者需求的企业才能在商场上立于不败之地。“半边天”的失败案例为广大企业敲响了警钟：企业需要倾听消费者的心声，而不是只管打自己的算盘，这样才能真正地满足消费需求。在此基础上，企业才能长久发展，企业价值才能得到最终的彰显。

既然“倾听消费者的心声”如此重要，那企业如何才能做到这一点？由此，声浪传播学提供一套可行的工具，使企业能够有章可循地去“倾听消费者的心声”，这个工具就是“消费者洞察”。

所谓“消费者洞察”，就是对隐藏在消费者背后的行为和心理进行挖掘，发现消费者的真实需求与偏好，并将之应用于企业的生产营销实务之中，是一种研究消费者、了解消费者的方法。消费者洞察的真谛在于，拨开一切表面现象，了解人性，并从一团乱麻中理出头绪，从中找到驱动目标消费者尝试或重复购买的那条“金线”。消费者洞察是相对于消费者调查而提出来的概念。调查的结果是静态的，是反映被调查者的行为或态度的一组数据。例如，某品牌产品在某地区消费人群的百分比、潜在消费人群的百分比等，这些数据是静态的，对于建设这个品牌的贡献是非常有限的。而消费者洞察就不同了，它是一种动态的研究，也就是动态跟踪消费者为什么会购买该产品、为什么会重复消费、为什么还有相当比例的消费者不再买该产品等很多问题并进行深入挖掘，进而研究问题背后隐藏的成因。

消费者洞察不排斥定量研究，而且企业已经普遍采用普通的消费者调查，但是消费者洞察更多地还要靠定性研究。因为它从心理学角度研究消费者对产品、品牌背后的态度和心理，从而进一步挖掘其习惯、经验和价值观。离开对这些因素的查找，定量研究是难以顺利完成的。

常见的定性研究方法有：小组深度访谈、录像带观测、个人日记追踪记录、评查调查问卷。以上定性研究方法技术含量都比较高，没有能力执行此类研究的企业可以通过雇用专业的调查公司或广告代理公司来执行。但需要指出的一点是，消费者洞察不是要企业去洞察所有人，消费者洞察一定要紧贴企业的细分市场，围绕企业的目标顾客来做。

成为一名好的侦探，要学会发现有用的东西，打破惯性思维，多问几个“为什么”。这些典型的问题包括：

产品和服务在消费者的心目中是什么样子的？

已经确定的消费者需求是什么？

我们的传播计划所要影响的对象是谁？

要达到的目标是什么？

品牌传递的主要好处、价值是什么？

我们的竞争对手是谁？

我们与竞争品牌的区别是什么？

…………

此外，“直觉”的判断也很重要，这建立在对本土民风民情、当地生活哲学深刻感悟的基础之上。由此，我们可援引出另外一个问题——应培养洞察主体的洞察意识与洞察能力。企业家首先应将自己培养成精明的消费者，才能感同身受地体验消费者的生活，反思品牌价值传递过程中出现的问题。其次，选择合适的洞察对象对保证洞察信息的质量也十分重要。除了倾听现有顾客的声音外，还应该考虑另外几种类型的顾客：革新型用户、领先用户、影响舆论的人和市场行家等。显然，调研者更易于从领先用户和革新型用户那里获得有关新产品开发和产品改进的重要信息，从影响舆论的人和市场行家那里洞察顾客真实的想法和行为。因此，调研者在确定感知对象时，应考虑如何将感知对象结构化的问题。

消费者洞察可洞悉消费者的心理、需求、自我概念、认知规律等，然而消费者洞察最杰出的贡献，则是对消费者价值追求的把握以及对消费者群体生活方式的预见。有价值的品牌重在倡导生活方式，以敏锐的品牌核心价值代言消费者的思想观、价值观与生活观。当这种高度整合的品牌价值观与消费者实现了深度沟通，并引起消费者的心理共鸣，得到其崇敬与渴望时，品牌将跨越产品实体与品牌意义本身，具备了鲜活、持久的生命力。这种消费者对品牌发自内心的景仰与追求就是品牌崇拜。品牌崇拜是品牌打造的最高境界，它将消费者纳入与品牌共同拥有的价值系统，使消费者乐于实践该体系共有的规则。品牌建设到达这个阶段时，品牌所有者已能化被动为主动，实现由摸索、应和需求到自信引导的华丽转身。一方面，此时影响消费者的关键将是情感而非理性，品牌建设重点也将挪移到打造消费者认同的精神、价值上，为目标群体全方位提供自我表现、自我发展的空间。从另一个方面讲，品牌崇拜又将极大地调动企业内部员工对品牌的自豪感，促使员工自觉地对外宣传品牌，从而由内自外地巩固品牌核心价值，形成良性循环。

然而，单纯依靠消费者洞察进行品牌建设，是没有任何意义的。一味盲目地满足消费者的需求与欲望，缺乏主见与计划，品牌建设也容易陷入混乱，难以成功。消费者洞察应当服务于品牌战略制定，而制定品牌战略的关键是将消费者洞察和自身的特性结合起来，形成一系列独特的品牌运营活动。品牌战略的主要问题是寻求品牌定位，消费者洞察最大的贡献在于能够帮助企业找到表象背后的真正原因和市场机会，让企业更加准确、科学地建立自己的品牌定位，发出更具差异化的品牌声音，良性地促进市场的健康发展。

5 品牌声浪圈

通过前面的内容我们已经知道了品牌声浪传播的大致流程，企业在其中所起到的作用就是一个好的倾听者和谈话者，企业要想在品牌声浪传播中发挥最大作用，必须具备两种能力，一个是企业的硬件设施，另一个则是企业的软实力。

另外，企业实施的品牌声浪传播是一种对外传播行为，但是这种行为并不是孤立的，不是企业聘请一家广告公司就可以完成的任务。首先，品牌声浪传播基于企业的传播能力，而这种传播能力是需要企业花力气来构建和提升的；其次，企业的品牌声浪传播能力与对外的品牌声浪传播行为是相通的，企业在深入了解消费者的基础上培养传播能力就是一个由外而内的过程，而企业对外的品牌声浪传播行为则是一个由内而外的过程。两个过程是一个闭环式的循环过程，在对外传播过程中企业增强了对消费者的了解，同时自身传播能力也得到加强。

企业品牌声浪传播能力的培养和对外品牌声浪传播的执行是一个连续的过程，我们需要开发一个具有极强操作性的模型来统筹品牌声浪传播的各组成部分。本书提出了“品牌声浪圈”的概念，并以此来解释品牌声浪传播的能力培养及其操作过程。可以说，倾听消费者的心声是品牌声浪传播的观念基础，而品牌声浪圈则是品牌声浪传播的技术基础。

品牌声浪圈用一组同心圆来表示，最里面的圆圈是品牌声浪原点，用来表示品牌声浪的发声体及其所具备的传播能力。品牌声浪原点由两部分组成，一部分是由企业家、员工、产品等有形体所构成的品牌声浪传播硬件基础，另一部分则是由品牌定位、企业文化、传播技能等无形体所构成的软件基础。两者的结合就是品牌声浪圈，它构成了品牌声浪传播的主体及其所具备的能力。外圈是品牌声浪区，就是品牌声浪的对外传播。品牌声浪区的范围是不断扩展的、力量是不断增强的，并通过采取传统 TVC 广告、微电影、微视频、自媒体传播、线上线下互动等多种手段来达到这一目的。

品牌声浪原点与品牌声浪区关系密切。首先，企业应当通过不断地完善和加强品牌声浪传播的硬件设施和传播能力来扩充品牌声浪原点，因为品牌声浪传播的原点直接决定了品牌声浪区的范围和强度。其次，品牌声浪原点决定了品牌声浪区，但是企业同样要精心地构建品牌声浪区，要选取那些离目标消费者最近、最有效的方式来构建强大的品牌声浪区。最后，在对外传播的过程中，企业还应当随时听取各种渠道带来的消费者反馈信息，随时听取消费者的最新意见。

品牌声浪传播是一种注重实效的品牌传播理论，其追求的是一浪高过一浪的品牌传播效果。而达到这种传播效果的途径就是创建强大的品牌声浪圈。品牌声浪传播过程中，品牌声浪圈在不断地巩固和扩展。一方面，企业的品牌声浪原点在提升，表现为产品创新与服务质量的提高、市场适应度的提高，组织对品牌声浪传播的支持力度的加强，品牌文化不断融入企业文化中去等等。总而言之，就是企业的品牌声浪传播能力增强了。另一方面，品牌声浪区在扩大和增强，越来越多的媒体加入到品牌声浪圈中来为消费者提供信息；品牌的声音也在不断增强，并形成一浪高过一浪之势。在这一过程中，品牌资产得以积累和提升：首先是品牌知名度的提高，进而形成初步的品牌联想，品牌的品质认知度也在不断地提高。紧接着，企业要在品牌声浪传播活动中进一步巩固品牌联想，并考虑为品牌注入新的联想。随着消费者品牌购买体验的增加，人们形成了最初的品牌忠诚度，而且也让品牌获得了宝贵的忠诚客户群。至此，品牌关系才真正地从计划转变成企业珍贵的资产。

然而，品牌声浪传播是循环往复的，品牌关系的维护是没有终点的，品牌崇拜才是品牌声浪传播的终极追求。品牌关系的形成是困难的，企业要想建立起品牌崇拜更是难上加难，有些重视品牌建设的企业甚至始终都无法建立起品牌崇拜。但是，企业必须有目标才会有为实现这一目标所采取的行动，所以，品牌崇拜在一定程度上来说不是品牌声浪传播的运作方法，而是品牌声浪传播的动力。

ONE 第一章 原点区

做品牌就像用圆规画圆，有了明确而又坚定有力的原点，才能画得好！如果原点位置没选对或不坚定，那画出来的圆就永远都无法圆满。

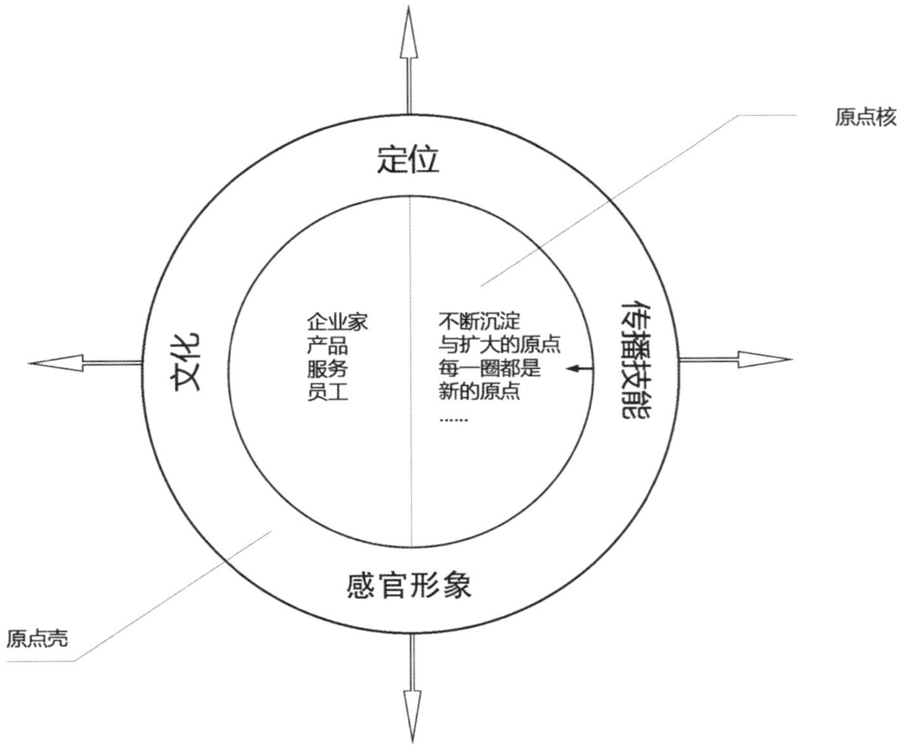

声浪传播学 | 原点区

● 声浪传播原点区是指品牌声浪的发声体及其所具备的传播能力。它是由两部分组成：一部分是由企业家、员工、产品、服务等有形体所构成的品牌声浪传播核心，我们称之为“原点核”，即品牌声浪的发声体；另一部分则是由品牌定位、企业文化、感官形象、传播技能等无形体所构成的品牌声浪传播外壳，被称为“原点壳”，即品牌所具备的传播能力。

● 声浪传播原点区直接决定了发声区和回声区的范围与强度。打个比方，品牌声浪传播好比是将一枚石子抛入湖中，石子越大，形成的波纹才能越大，传递得越远，甚至可以越过其他石子形成的波纹到达彼岸。因此，声浪传播原点区的构建与维护是一个企业不断修炼的内功，它影响着整个企业未来的发展态势。

● 大鹏展翅——高飞数万里，全仗脚下一点劲。如果脚劲不够的话，它是飞不起来的！原点区的修炼，就是练脚劲！

● 原点核是品牌声浪的发声体，由企业家、产品和服务三部分构成。这些组成部分在品牌声浪传播过程中各自的状态和相互间的协调配合程度，决定着品牌声音音量的大小和音色的优劣。

1 品牌乐章的指挥家

企业家是一个企业的总指挥，他的指挥能力决定着企业的未来发展。说到指挥，首先在脑海中蹦出来的怕是交响乐团的指挥家。那么，我们先去看看指挥家之于交响乐团到底是一个什么样的角色，这样一来能更好地理解企业家角色的内涵。

交响乐团为什么需要一位指挥家？如果没有指挥，乐团就没法继续表演下去了吗？我们都知道一支交响乐团动辄百人，仅仅是通过苦练磨合达到演奏默契是很难办到的。因为各种乐器的音色和音量不尽相同，每个乐手的表演个性和水平也各自相异，这时需要一名指挥家站在突出的位置组织和训练乐团，控制整场的节奏，使多个声部的演奏能够成为一个整体，以他的专业音乐素养去感染激活整个乐团，进而创造出变化无穷的音乐作品。

同样，一个企业也是需要一位企业家站出来，洞察商机，组建核心团队，把控企业整体建设，带领全体员工制造出更具效益和价值的产品。但仅仅制造出产品便足够了吗？不是的。一位睿智的企业家还可以创造品牌。品牌是一种企业战略，企业家是否具备战略性思维决定着品牌战略的成败，把握企业长远发展方向的企业家才是企业真正的首席品牌官。

1.1 握好品牌声浪的指挥棒

企业家必须拥有明确的品牌理念、清晰的战略思维、独特的品牌核心价值观以及构建品牌的的决心，并具有人格魅力，将品牌的愿景贯穿于企业的整个经营管理过程之中，并使之成为全员共识，这样才能经营管理好公司。公司上下发出同一个声音，品牌声浪才能源源不断地传播出去。

◎ 董明珠：主导格力品牌广告的四次变迁

董明珠，现任珠海格力电器股份有限公司董事长。纵观格力电器20多年的发展历史，董明珠给格力电器，给中国空调行业，给中国经济带来了巨大的正能量。

20年前，格力电器不过是一家名不见经传的小厂，在董明珠的带领下，格力电器如今已是全球最大的空调产销商，品质享誉全世界。10年前，中国空调业还只能扮演国外品牌产品加工企业的角色，但在格力电器的带领下，中国空调业快速提升了在全球产业链上的位置，从低端走向了高端，从下游走向了上游，并推动了全球制冷行业的发展进步。前几年，经济界还在恐慌中国制造产业空洞化的危机，如今在格力电器“屡夺全球制冷技术制高点，引领世界空调业发展潮流”的实践中，业界看到了创新驱动、转型升级的“中国创造”之路。

而在品牌建设方面，董明珠主导了格力电器广告语的四次变迁，而这四次变迁，深刻地反映了一位企业家对于品牌的认知以及市场理念的变化。

(1) 20世纪90年代：狠抓质量，发出“格力电器，创造良机”的声音

格力最初的广告语是1995年提出的“格力电器，创造良机”。90年代初，中国的企业没有自己的核心技术，大多是买国外厂家的主机回来进行组装，品牌力相当薄弱。在这种条件下能干什么呢？董明珠清楚格力唯一能做的就是要做品质，主抓产品质量，塑造一个值得信赖的品牌形象。

1994至1996年，董明珠开始以抓质量为中心，提出了“出精品、创名牌、上规模、创世界一流水平”的质量方针，实施了“精品战略”，建立和完善质量管理体系，出台了“总经理十二条禁令”，推行“零缺陷工程”。几年的狠抓质量工作，使格力产品在质量上实现了质的飞跃，奠定了格力产品在质量上的竞争优势，创造出了“格力”品牌。董明珠知道格力是时候要向消费者发出声音，让他们知道格力电器创造出一个中国企业异军突起的良机。在品牌广告投放后的那一年，格力营业额高达28个亿，增长了7倍，超越了当时的行业老大春兰空调。

(2) 20世纪90年代末：用“好空调，格力造”作企业愿景，注重技术开发

1997年，格力经历了一场风波。当时，格力从国外进口了一批零部件，但是这批零部件却为它带来了灾难性的品牌损伤。质量问题出现后，消费者并不知道只是某一个零部件有问题，他们认为是格力空调整体有问题，因此格力空调遭遇了大量返修，品牌美誉度跌到冰点的打击。董明珠痛定思痛，成立了筛选分场，对所有的元器件进行筛选，保证产品质量和向消费者传播的广告语是一致的。

为了杜绝这类事件的再次发生，董明珠在那一年提出第二句广告语、“好空调，格力造”。从1997年喊到2007年，整整喊了10年的时间。她用这句广告语作为企业的愿景、员工的信条，要求格力除了控制品质以外还

要更注重技术的开发，才能真正造出好空调。那技术开发靠什么？中国企业普遍的一个做法是高薪聘请人才，把外国的专家挖进来。但这些人是否真的给企业带来竞争力？董明珠不敢苟同，她认为一个企业真正的竞争力是自己能够培养人才。因此她从 2000 年开始设立了四个研究院，拥有 5000 多个开发人员。十年技术研究的投入，成效显著，连全球中央空调第一品牌凯里约克都企图挖走格力的人才。

（3）21 世纪初：从“掌握核心科技”到“让天空更蓝，大地更绿”

终于在 2009 年，董明珠很有底气地提出格力空调“掌握核心科技”，宣告格力转型升级的信心和决心，这是格力这十几年来坚持自主创新的厚积薄发。格力用实际行动践行着由“中国制造”向“中国创造”转型的企业发展战略，形成了自己的专利技术，拥有独立的知识产权和自主品牌。

仅过了一年，董明珠开始意识到格力电器不仅要创造技术，同时还要时时刻刻考虑到，打造一个产品会给人类的健康生活带来怎样的影响。她认为如果开发一个产品是破坏环境的，会给人们的健康带来负面影响，那么这个产品就不值得推广。于是她提出了一个更新的广告语“让天空更蓝，大地更绿”，这标志着格力从专研技术开发转变到注重社会责任，打造绿色低碳产品的全新品牌形象。

回顾这20多年来董明珠主导格力品牌腾飞，不难发现她的确是拥有清晰的品牌战略思维和构建第一品牌的决心。从一开始狠抓质量，打响品牌第一炮，到专研技术开发，造就强势自主品牌，再到注重绿色低碳，升华品牌社会使命，董明珠作为一位企业家给格力品牌力的持续发展带来了巨大的能量。

值得关注的是，即使到了今天，她在品牌建设方面依然是走在前沿。近些年来，企业家商业代言渐成潮流，越来越多的企业家乐于走到镜头前，跨界出演，成为各类企业或品牌的代言人。这种现象被称为“企业家品牌效应”。董明珠在2014年取代成龙成为格力的品牌代言人，她把原因归结于“可以节约成本”，她认为动辄花千百万元请一个明星代言“是一种浪费”。的确，董明珠此举不仅省钱，而且超值，更是顺应潮流的时髦做法。因为她的权威性与影响力不仅局限在格力内部，她也是格力与外界交往的重要载体，在公共环境中有不容忽视的影响力，是天然的“品牌形象代言人”。

1.2 抓好互联网这把利剑

一个拥有明确品牌理念、清晰战略思维的企业家，也应该具有社会环境意识，在企业发展的每一阶段，能紧跟社会的步伐，运用创新的理念，指引企业前进。我们的社会正处于互联网时代，很多企业都意识到，互联网的影响不仅仅局限于网络营销，对各行各业的发展，也有着深层次的冲击。

在这个时代，中国经济进入深度转型阶段。互联网不是简单的一种工具，而是一种思维方式。企业要发展，就需要运用互联网的思维来思考并且解决问题。互联网思维不仅仅是企业家需要具备的，也是由企业家领头，向企业全体员工推广的。

企业家需要以互联网思维引领企业，让企业建立互联网战略思维、业务模式、销售模式，以消费者为中心，推广品牌，销售产品。

◎ 宗毅：打通特斯拉南北充电之路

我们在绪论中介绍过特斯拉，了解到它在进入中国市场后经受了严峻的考验。很多客户在下订单后，由于取车的沿途没有足够的充电站，面临有车无法取的困境。有车主甚至在与特斯拉汽车公司交涉未果后，因爱生恨，干脆在提到新车的那一刻，砸车以示抗议。直到有一位企业家的出现，他运用互联网思维成功打通了南北特斯拉充电之路。他，就是芬尼克兹 CEO 宗毅。

芬尼克兹 CEO 宗毅是特斯拉的首批中国车主之一，在北京提车后，他想把爱车开回广州。同样由于充电的问题，这成了当时无法实现的事情。于是宗毅产生了一个疯狂的想法，他要用互联网力量“众筹”充电桩，构建一个电动汽车的充电网络。宗毅购买了 20 个充电桩，然后通过微信、微博等网络社交媒体发布“求包养”的启事。这份启事要求：一、为车辆提供一块 2.7m×6m 大小的空地或标准车位用于停放车辆；二、在车位附近提供一个 220V 电压、40A 电流的电源，并配有 40A 的空气开关，用于车辆充电；三、可以收费，也可以免费，免费可以吸引更多的人。一旦满足

上述要求，宗毅团队将捐赠并联合安装充电桩。同时团队绘制“电动中国之路”的地图放在网上，愿意提供便利的酒店将被标注。启事发出后响应者云集，有500多人联系宗毅。随后宗毅列出“四星级、有免费停车位、位置容易找到”等几个条件，筛选了一部分。再根据自己的行程，最终选择了16个城市的据点。

为什么这个“求包养”计划如此受酒店欢迎？对此，宗毅用他的互联网思维做出了回答：“酒店安装的话，是在自己的地盘上做事，避开了物业、政府和电力公司。改装的特斯拉充电桩也兼容其他电动车。充电7个多小时的话，才30元左右。但车主会去酒店住一夜，或者吃顿饭，这对酒店来说变成了一个盈利模式。”

因此，在短短的20天时间里，宗毅和他的小伙伴们自驾特斯拉零油耗穿越了5750公里，沿途布局16个城市，共捐建20个充电桩，打通了中国第一条从北京至广州的电动车南北充电之路。宗毅是借用互联网的力量，真正解决了电动汽车充电难题。

如今我们正处在互联网时代的黎明时分，智能化、大数据、云计算等一系列新概念横空出世。在这个充满机遇的时代，互联网让以前许多很难实现的事情变成可能。我们通过互联网，可以把各种线上线下的资源有效整合起来，让事情变得简便。芬尼克兹CEO宗毅从顾客的需求着手，以互联网传播为手段，不仅解决了特斯拉汽车充电的问题，还成功塑造了他的个人品牌，达到双赢局面。这就是企业家自身互联网思维创造价值的一大体现。

互联网思维强调开放、协作、分享，组织内部也同样如此。成功企业家的行为活动，直接影响着企业员工的行为，影响着企业的成败。企业的发展，需要企业家起表率作用，从战略上运用互联网思维，自上而下，引领企业每个员工更好地发展。因此，企业在品牌建设中如何更好地运用互联网思维，企业的品牌之路又该何去何从，关键还是看企业家如何握好自己的指挥棒，运用好互联网这把利剑。

1.3　不忘初心，一直创新

在中国的饼干业界，你不能不关注袁汉思这个人。在国内的饼干品牌所剩无几的市场环境下，他一手打造的思朗饼干却能逆势飞扬，与国际品牌卡夫齐头并进。

◎ 袁汉思：一块饼干，一份责任

药食同源，凭什么可以简单到一块饼干？因为思朗饼干将“一块饼干，一份责任”作为企业品牌成长与发展的座右铭，因为这种执着，才成就了今天这个健康饼干的领导品牌！

思朗食品公司董事长袁汉思认为：让消费者放心，企业因诚信经营得到更好的发展，这是食品行业发展的终极梦想。“做食品就是做良心”，食品安全意识日益提高的今天，企业要生存，要发展，关键是确保产品品质，让消费者吃到真正安全、健康、优质、美味的食品，赢得消费者的信赖。思朗经过近二十年来的发展，目前在业界已经有了很好的口碑和品牌忠诚度，但无论思朗多有名气，检验思朗品牌好坏的唯一标准还是产品的质量。

早在2003年，袁汉思为打破传统饼干的产品组合，自主研发了“纤麸”系列消化饼干，而思朗的“纤麸消化饼”可谓是功能性饼干的代表。“纤麸”系列在国内首先提出了粗粮的概念，以“吃粗粮，助消化”为品牌原点，通过央视和地方电视台互动发声，引起了巨大反响，思朗也因此“名利双收”，成为健康饼干的领导者。

近几年，随着国内一些功能性饼干的相继问世，作为功能性饼干的代表企业，思朗自然没有停止创新的脚步。袁汉思“闭关”了七年只为给消费者带来一份健康。我们从思朗拿到一组惊人的幕后数据——9位专家的甄选材料、精心调配，29位研究人员精准到克数的细心研制，188次精益求精的反复试验，100组消费者不厌其烦的专项测试，2555天后，思朗中华养生饼干终于闪耀问世。

2015年3月，在春季糖酒会期间，思朗食品在成都隆重举行了“康力思”和“仁厚”两款中华养生饼干的全球首发活动。此消息一出，立即吸引了各大媒体聚焦思朗的新品。在“七年之痒”后，袁汉思终于推出了自己的“雪藏绝技”——康力思和仁厚饼干。亮相之日，就引起了业界的极大关注，甚至吸引了国外媒体的关注和报道。

原来，他为了这一天，花了七年时间布局。思朗食品相关负责人介绍，产品从理念到诞生，从一个个点子到一点点配方，再到一块块饼干，思朗公司足足花了七年的时间来细细打磨，这不是“任性”，而是一份负责任的执着。业内人士感叹，为了做一块饼干，如此讲究和严谨，这在整个食品行业也十分鲜见。研发教授坦言，公司一直强调质量，强调口感，也强调健康，因此，研发人员在每一个环节都精益求精。有研发人员透露了心声：“这是大家汗水的结晶，为的就是做一块健康养生的中国好饼干，虽然历尽艰辛，但为了消费者的健康，一切付出都是值得的。”

付出终于得到了市场的认可。上市当天，仁厚和康力思饼干就吸引了400家经销商，成功签订合作意向书350份。上市半年期间，康力思饼干、仁厚饼干两款新品陆续登陆广东、浙江、湖北、河南、陕西、上海、北京等省市。

袁汉思说：“我不担心未来的竞争，为什么？原来我们要跟卡夫、达能等几大品牌竞争，现在的卡夫收购了那么多国际饼干厂，变成整个行业里最大的一家，我们不用再和那么多品牌竞争了，只有卡夫一家独大的情况下，反而有更多空间让我们进入。”思朗饼干董事长袁先生之所以如此自信，是因为他已经深刻地了解了消费者的心声，打造了坚定的品牌原点。品牌需要声浪，声浪形成的前提是无论你做什么和说什么，一定要走到老百姓的心里去。

1.4 “觉醒”的企业家们

在这个声浪传播的“黄金时代”里，还有哪些企业家为自己企业的品牌建设打出过一张好牌？来看看以下几位企业家：

俞敏洪+新东方：励志演讲第一人，深受新东方的受众——学生们的欢迎。他的每一次演讲都会被录制成视频，在学生群体里广泛传播。无疑，这些演讲都在传播着新东方的品牌正能量，吸引一大批学子慕名而来。

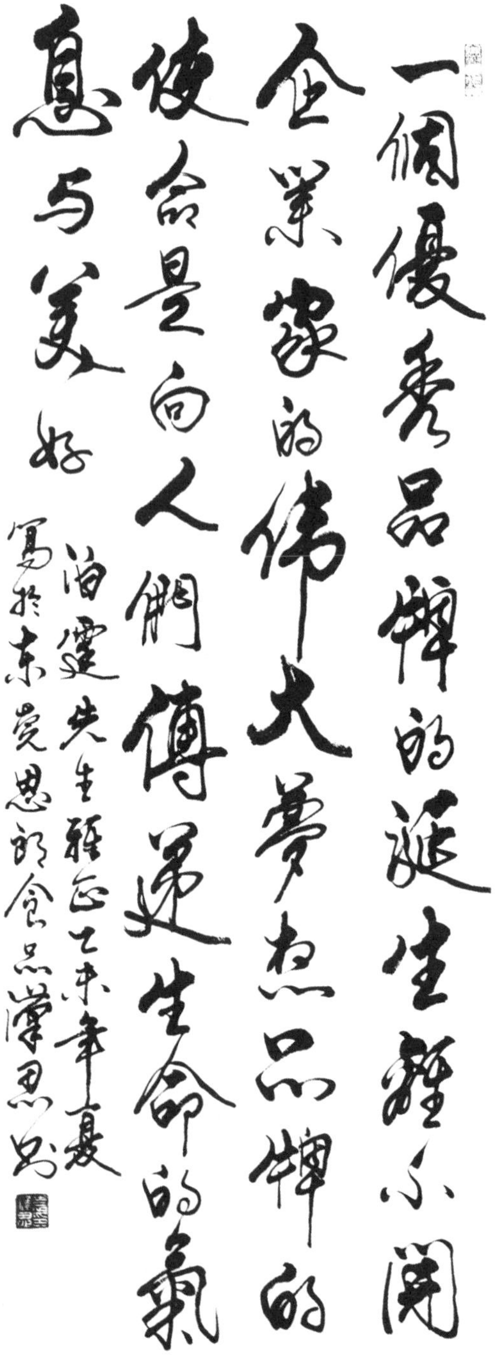
一個優秀品牌的誕生離不開
企業家的偉大夢想品牌的
使命是向人們傳遞生命的氣
息與美好

陈欧+聚美优品：第一个大规模在电视投放广告的互联网公司企业家，更是将企业家品牌代言的风潮推向高峰的第一人。他的这支被打上青春励志标签的广告蹿红网络，引起不少80、90后的共鸣。特别是最后一句“我是陈欧，我为自己代言”，让网友们纷纷“陈欧附体”，他的名气也达到顶峰。靠着这个广告，聚美优品的营业额直线上升。

雷军+小米：“粉丝经济”“饥饿营销”“互联网思维”等理论的第一践行者。他用“为发烧而生”的产品理念征服了广大小米粉丝；他活跃在微博、QQ空间、微信、小米论坛等社交媒体上，推广小米品牌，圈住小米粉丝；他在每一年的小米新品发布会上都会备受关注，引发一阵热议。小米高性价比的品牌形象深入人心，频频刷新国内产品从推出到售罄的最短时间纪录。

苏敬轼+肯德基：第一个在各大媒介上大面积投放危机公关广告的企业家。近两年来，肯德基“速成鸡”事件已是消费者心中无法磨灭的阴影，它的品牌美誉度一再下滑。为了扭转这个困局，苏敬轼开启一场声势浩大的公关持久战，他亲自上阵“面对面”承诺“每一口都安心”。这种敢于正视自己、直面消费者的精神值得称赞。

结语

过去的三十年是中国工业做产品的三十年，未来的三十年将是做品牌的三十年，到那时Made in China（中国制造），不仅仅是Created in China（中国创造），还会有Brand in China（中国品牌）。如今中国企业家的品牌意识已经觉醒，有理由相信在不久的将来会涌现出越来越多享誉全球的中国品牌。

2 品牌乐章的音符

很多企业在品牌建设过程中会误认为品牌是产品的生存基础，挖空心思地去塑造品牌的个性，提炼品牌的核心价值，提升品牌形象等等，而忽视产品的升级。其实这是一种好高骛远的做法，因为产品是品牌生存的基础，产品的价值满足消费者的基本需要，或者说是生理需要和功能性需要，而品牌满足的是消费者的情感需要或者精神需要。试想消费者连基本的用户需求都得不到满足，还谈什么认同品牌价值，谈什么与品牌建立感情?

2.1 品质是关键

产品的质量是品牌的生命之源，因为它直接关系到消费者在消费产品中获得的效用，直接影响着品牌能否在市场上存活下去。

◎“老干妈”火辣，“春光”灿烂

(1) 老干妈，来自中国的进口奢侈品

“让全国男人欲火焚身的女人”，但凡听到这句话怕是都会联想到身材

火辣的美女，可实际上这是前不久的一句网络流行语，说的是一个国民辣椒酱品牌——老干妈。这位火辣的“女人”不仅畅销我国大江南北，在海外市场也是颇受青睐。

从1999年第一瓶“老干妈”出现在香港超市算起，至今“老干妈”对海外市场的开拓已经历了十余载的风风雨雨。2012年7月，美国奢侈品电商Gilt把老干妈奉为尊贵调味品，限时抢购价11.95美元两瓶（约人民币36.3元一瓶）。美国市场上的“老干妈”绝对算得上是“来自中国的进口奢侈品”。

那么，“老干妈”长盛不衰的秘密是什么呢？答案是产品质量。

秉承“质量是企业的生命线、安全是企业的生存线”的经营理念，“老干妈”把提高产品质量、保障食品安全作为重点，先后在贵州省各地建起了多个辣椒出口种植基地，所有出口产品均使用大豆油，其他原材料则对供应商的资质进行严格的审查、备案，对包装材料进行严格检验。同时，在贵州省检验检疫局信息、技术、科研、标准等支持下，进一步完善欧美发达国家和地区的市场准入备案，包括美国FDA备案、日本厚生省年检和韩国卫生部门产品检测等，用过硬的产品质量和安全，保证了在各个国家进口通关、市场销售等方面的顺畅性和安全性。

（2）春光食品，海南第一手信

“老干妈”用她过硬的产品质量在全球唱响品牌力量。同样是本土地

方特产的优秀品牌，春光食品也在产品原点上下足了功夫。作为当之无愧的海南“第一手信”品牌，其产品行销全国各地，和“老干妈”一样也出口到美欧亚等多个国家和地区，赢得众多国内外消费者的喜爱。

春光食品总经理助理严欣在2014年海南省食品安全宣传周上表示：“春光一直以来把产品质量放在第一位，从对每一颗椰子的筛选开始，春光人用行动来践行着‘三不’箴言：绝不让一个不合格的椰子、一片不合格的椰肉、一滴不合格的椰奶混进车间！”

食品安全是关乎每个人健康的问题，对广大食品企业而言，保证产品质量是第一位的。春光食品除了引入国际标准ISO9001质量管理体系认证、美国FDA认证、实施HACCP管理体系之外，在2010年还获得了有欧盟市场“通行证”之称的英国BRC认证。目前，春光的出口订单在逐年增长中，这不单单是国外消费者对其产品质量的认可，也体现出春光对消费者负责的态度。

产品的质量问题现在已然成为消费者关注的重点，如果一个品牌的产品质量不能够得到消费者的信任，那么该品牌就会逐渐甚至迅速降低市场竞争力直至灭亡。对于很多已经拥有强势品牌的企业来说，维护产品的质量水平也是非常重要的工作。质量和信誉危机会严重腐蚀企业已有的品牌资产，三鹿奶粉“三聚氰胺”事件一夜之间就将这个昔日占据国内奶粉市场第一把交椅的奶业巨头彻底摧毁，之后带来的是整个乳品行业及其下游企业的行业震动，更可悲的是使我国“中国制造”的国家品牌形象饱受“连坐”之苦。所以说，产品质量是一个永恒话题，永远不会过时。

2.2 创新是源泉

如今企业除了要关注产品质量，还要激活产品创新力量。尤其是在科学技术发展日新月异、产品生命周期大大缩短的新经济时代，一个企业能否持续不断地进行产品创新，开发出适合市场需求的新产品，成为决定该企业能否实现品牌持续稳定发展的重要因素。

产品是为了满足市场上消费者的需求而产生的，不同时期的消费者存在不同的消费倾向，所以对产品也就提出了不同的要求。不断变化的消费者需求，决定了企业必须不断创新产品。品牌的生命是以其产品为载体的，产品的消亡，意味着品牌以这种产品作为其载体的可能性消失，如果此时企业没有开发出新产品，品牌就会随之消亡。市场竞争是残酷的，消费者是挑剔的，产品不会因为以前得到过消费者的宠爱，就永远得到消费者的青睐。因此企业时刻倾听消费者心声，积极开发新品，是一个品牌不失生命活力的保障。

◎ 乐高：积极开发新品

玩具界的世界巨头——有着80余年历史的丹麦乐高集团公布的2013年年报显示，乐高在全球玩具市场表现下滑的2013年，实现全年销售额增长11%，乐高中国市场更取得50%以上的强劲增长。是什么使得乐高公司作为一家传统玩具公司，能够在电子游戏和互联网的冲击下继续保持自己在玩具行业的领先地位？

回顾乐高玩具这80余年的发展历史，不难发现它就是一部自主创新的厚重历史。20世纪30年代乐高以木制玩具起家。一直到40年代末，塑胶成为新的材料和工艺，当时的乐高企业家敏锐地抓住了这个机遇，投资制作了一部造价昂贵的注塑机，乐高玩具从此进入了塑胶时代。60年代起，乐高的颗粒技术趋于成熟，自此乐高不再生产现成玩具，而只是提供可以让孩子们自己动手动脑拼插的“零部件”。几年之后，乐高将孩子们手中建造的玩具城堡带到了现实，它在丹麦建起了首家乐高主题公园——一个用了4200万块积木建成的“小人国”。乐高以其绝无仅有的积木艺术让这个“小人国”成为丹麦第二大旅游胜地，同时把乐高品牌推向高点，成为

一个经典的事件营销案例。

这样的辉煌直到新世纪的来临才被打破，这时候乐高突然发现自己变"老"了：电子游戏成为新宠，很少有孩子会老老实实地坐在地上拼积木了。经过几年的亏损风波后，乐高终于找到一条创新突破之路。乐高在保留经典产品的同时，增强了引入流行故事线的力度：在积木拼装体验之外植入新的流行元素和外来版权的故事线，乐高玩具开始推出文化创意产品。最为经典的乐高玩具故事就有我们熟知的星球大战系列、玩具总动员系列、夺宝奇兵系列等。当然，乐高也没有忘记要倾听消费者心声，以满足孩子们玩电子游戏的需求。它与电子游戏公司合作推出了不少经典游戏，像乐高蝙蝠侠、乐高哈利·波特等都曾盛行过一段时间。不光是这样，乐高还投身于电影产业中。在2014年初，一部《乐高大电影》空前火爆，说明了乐高的文化创意产品线塑造得多么成功。

正如乐高集团CEO克努德斯托普所说："持续在产品上进行积极开发和创新是我们成功的关键，我们在2013年内成功开发并推出了备受世界各地儿童青睐的多款新产品，成为了孩子们礼物的首选。"这样看来，乐高的品牌一直屹立不倒也就不足为奇了。

产品创新不仅仅指的是产品的开发，把时下高新科技和新潮设计理念赋予在产品上也是产品创新的一种表现。产品的高新科技元素能避免消费者产生跟不上时代发展的不良体验，而产品的新潮设计理念则能让消费者保持站在时尚尖端的良好感觉。

◎ 苹果：以科技与设计为王

要说近几年里哪个产品最能表现科技感与设计感，非苹果公司的iPhone莫属。有一段话曾广为流传：三个苹果改变了世界的形成格局，从某种意义上推动了人类的进步。这三个苹果，第一个用它的漂亮诱惑了夏娃和亚当，成为人类繁衍的导火索；第二个苹果给了牛顿一个思考的契机，从此产生了牛顿定律；第三个苹果让一个商业品牌风靡世界，使世界产生了无数的果粉。可见苹果公司的伟大。

但即使这么伟大的一家公司也曾有过十年的衰落时期。在创造了最棒的产品（第一部Mac）和最棒的广告（《1984》）后，苹果公司开始调整产品战略，从而导致业务的衰退、市场份额的丢失。就在它焦头烂额、一筹莫展的时候，乔布斯重新回到公司决策者的位置，及时扭转产品方向，重新赢得市场。那乔布斯到底施了什么魔法呢？乔布斯一共施了三道魔法，来看一看。

（1）第一道魔法："iPod"

2001 年第一代 iPod 的推出在当时引起了轰动，大获成功。它不但漂亮，而且拥有人性化的操作方式以及巨大的容量，iPod 为 MP3 播放器带来了全新的思路。它将时下的高新科技元素运用到极致，很多工艺细节都相当先进。它的容量为 5GB，这对于当时主流的 256M 容量 MP3 来说是个天文数字。而且，它还新增了 20 种均衡器设置，使用带宽达 400Mbps 的 IEEE1394 接口进行传输，配合 Mac 操作系统上的 iTunes 进行管理，这都是前所未有的体验。而在产品设计上，iPod 也做了许多大胆创新。它被设计成当时刚开始流行的硬盘式 MP3 播放器，从而让用户获得绝佳的手感。同时，它装备了一个独特的按键轮盘，只需一个大拇指就能进行操作，这对当时的苹果来说是个新玩意，对整个播放器行业来说更是个新玩意。第一代 iPod 不是 MP3 播放器的开创者，但它是一款划时代的产品，为之后苹果公司产品的革新之路树立了标杆。

（2）第二道魔法："iPhone"

2007 年 iPhone 横空出世，享有"上帝手机"的美誉。在 iPhone 问世以前，智能手机还是一种很笨重的移动设备，机身正面的一半是键盘，另一

半才是显示屏。但 iPhone 的出现则让这发生了彻底的改变——首次实际运用“多点触控”技术。它通过这个技术成功实现了用两个手指在屏幕上轻轻滑动即可放大或缩小图片等功能。这个改变成功勾起消费者的好奇心，让人开始尝试了解 iPhone，也成功引领手机业界变革，导致其他知名手机厂商都把研发重点指向“多点触控”手机。iPhone 的出现，也让大众开始前所未有地关心 UI 设计，每个人都在对界面设计评头论足，关注“图标”是否好看、界面是否优美，而这在 Nokia 时代是完全不可想象的。另外，它的一些极具突破性的设计元素（包括屏幕底部的 Home 键，上方的听筒，机身左侧的音量控制键，右上角的锁屏开关，背面的摄像头、扬声器、麦克风以及机身底部的数据和充电接口）还被授予了美国专利。

（3）第三道魔法：“iPad”

2010 年第一代 iPad 发布的时候，乔布斯赞叹这是“真正神奇和革命性的产品”，并用了“魔力”来形容。它的配置成为平板电脑行业的第一个明确的标杆，漂亮的多点触控显示屏，流畅的运行性能，超长时间的电池续航，让人过目不忘的简洁外形以及足够简单的交互设计，这些划时代

的技术创新迅速得到消费者的肯定。iPad 一经推出即创造了惊人的市场奇迹，28 天内总销量便突破 100 万台，打破了 iPhone 上市 74 天销出 100 万台的历史纪录。

乔布斯曾经用苹果 II 电脑开启了个人电脑时代，用 iPod 改变了音乐产业，用 iPhone 改变了手机产业，用 iPad 开启了平板电脑时代。如今这位科技巨匠已驾鹤西去，但苹果公司的革新能力犹在，2015 年新推出的 Apple Watch 正是延续它的传统，并且即将开启一个智能手表时代。

产品的创新，可以如乐高玩具般对产品价值进行深度发掘，开发新产品；也可以如苹果般借力高新科技和新潮设计，让产品迅速成为时代新贵。但是，当产品已经深度融入日常生活，从产品制作到售卖已然形成了标准的传统产业链，高科技机器制作反而不如“古早”手工受欢迎。这个时候，能够打破人们的固有观念，进行产品概念的创新，反而能在市场上开辟出新的天地。

◎ 男前豆腐：传统豆腐穿上新概念外衣

日本的豆腐文化源远流长，人们对传统的手艺和口味追求已经到了极致的地步，难以寸进。在 2005 年有一个全新豆腐品牌横空出世，并很快席卷了整个日本豆腐市场。它就是男前豆腐。

一块司空见惯的豆腐也能做出品牌和名气来？没错，它给豆腐附加了一个概念而成功风靡日本。

（1）玩转产品形象

男前豆腐店在日语中的意思是“男子气概豆腐店”（又译“美男子豆腐店”），软软的豆腐却成了男子汉的象征，这无疑给消费者的感官和认知带来了很大的冲击。不仅是在店名上夺人眼球，在产品的命名和包装上它更是大玩“男前概念”：把充满男子气概的头像印在豆腐包装上；在不同季节推出限定产品，如做出饭匙样的春夏限定产品“吵架至上凉拌豆腐小子”，以及秋冬限定的“吵架至上汤豆腐小子”；甚至还有用冲浪板造型容

器包装的“乘着风买豆腐的 Johnny”，成为了店内的人气产品。产品被“男前概念”包装过后，一推出市场立刻俘获了无数女性消费者的芳心，也让众多男士踊跃购买，不惜花上比传统日本豆腐贵三四倍的价格，只为了尝尝男前豆腐，仿佛能够证明自己的“男子气概”。

（2）丰富产品质感

如果你以为男前豆腐只是用包装和名称耍噱头，那就看走眼了。它还在产品质感上下功夫，将“男前概念”贯彻到底。男前豆腐的制作完全由手工完成，选择的原料是高于平均价格 4 倍的北海道大豆以及冲绳岛的苦汁，吃过的人都表示从未吃过味道这么浓厚的豆腐。该店的人气商品“乘着风买豆腐的 Johnny”更是富含水分，入口即化，清淡中带有大豆自然的甜味，不少人直接淋上黑蜜当甜点吃。通过打造这样的产品质感，男前豆腐打破了“标准豆腐”的固有概念，刷新了消费者对豆腐的认知，进一步巩固了“男前概念”。

（3）开发产品周边

不光是产品本身，男前豆腐还向周围辐射开发新品，对“男前新概念”进行补充和完善，形成独特的“男前豆腐文化”。它以一个帅气的男子汉为主角做成了漫画故事连载，然后通过漫画故事作为素材开发了一系列周边产品，小到胶带、开瓶器，大到水杯甚至T恤，都打上“男前”标志。这让人提到男前豆腐，不仅仅是想到豆腐本身，还想到漫画故事以及各种充满“男前概念”的豆腐周边。在品尝美味豆腐的同时，消费者也可以把收集周边产品作为一种爱好，成为“男前概念”的忠实拥趸。

在2010年，男前豆腐的销售额高达50亿日元，最多一天甚至可以卖出8万盒豆腐。辉煌数据的背后，成功的核心是出色的产品概念创新。男前豆腐不是围绕产品特色来开发，而是反其道而行，将“男前概念”融入豆腐，使男前豆腐跳出了传统产业链，反而形成了创意产业链，成为夕阳产业异军突起的一匹时尚黑马。好的产品被披上了出色的概念后，产品本身已经不仅仅是产品了，更是拥有了声浪传播的力量，在这个移动互联网的时代，踏着消费者的尖叫声，一波一波地荡漾开来……

2.3 互联网思维是趋势

从传统时代到网络时代，互联网与移动应用得到了爆发式的普及。许多传统行业像电视机生产、图书出版等都在步履维艰地前行，稍有不慎便会跌入冰窟窿里。在这种情况下，如何实现企业转型，最核心的还是制定产品策略。企业不光要在产品质量与创新上下功夫，还要用互联网思维去重新定义产品。

◎ 乐视TV：向传统行业注入互联网基因

电视行业的动荡时代已经开启。正如创维电视在公告中所说，在2013

年新进入的非电视机生产商为了抢占市场，不惜屡创低价促销，对毛利率构成沉重的压力。而以乐视为首的互联网企业已经对传统电视产业掀起了颠覆的大潮，可以说电视行业已由单纯的终端产品竞争转变为产品生态圈之间的竞争。

2014 年 5 月 7 日的乐视超级电视发布会，仍旧沿用 2013 年的“颠覆”主题，会场上的“颠覆”字眼格外抢眼。在发布会上，乐视网 CEO 贾跃亭表示，超级电视不仅是电视，而是“超级电视 = 配置 + Letv UI 系统 + 专为大屏而生 Letv Store + 影视库 + 超级云视频平台 + …… = 大屏”的完整生态圈。

那这个完整的产品生态圈有哪些互联网基因呢？

（1）性价比高

硬件低价，服务收费是互联网免费经济学的重要一步。乐视 TV 有“硬件收入 + 内容收入 + 广告收入 + 应用分成”四重收入来源，这让其可以不再单纯依赖硬件销售盈利，以达到最大化让利于用户。

（2）时尚设计

乐视 TV 在外形上有了很大改观，例如超级电视 X60 的云底座，一体成型、激光切割的金属边框，呼吸灯、一体化设计的顶置摄像头等，这些改变，一改电视机的传统外观，而是把电视作为艺术品、装饰品，让电视机的外形更具时尚感。

（3）平台开发

深度定制的 Letv UI 智能电视操作系统，会不断倾听消费者心声并在每周一更新，为超级电视量身定制每一处细节，像体感操作、语音识别、管家服务等都在打造出良好的智能电视体验。

Letv Store 提供了超过 3000 款 APP，无论是上网、听歌、购物、看新闻、查股票……在 Letv Store 都能找到适合的应用软件。其中它在游戏中心新增的 3D 游戏 APP 更是颠覆了电视游戏市场，只要戴上 3D 眼镜，即可体验身临其境的精彩。

（4）内容为王

依靠乐视网的内容沉淀，购买版权，还有乐视影业、花儿影视的供给，只要打开乐视 TV 即可享受“电影院 + 各大卫视 + 好莱坞 + 日本动漫”等海量资源的极致体验。它让用户可以观看“10 万多集电视剧 + 5000 多部电影 + 上千部 1080P 影视内容 + 500 小时 7.1 声道杜比影视节目 + 国内外顶级体育赛事直播 + 上万小时亲子动漫内容”。

而真正引爆用户视觉体验的是乐视 TV 业内最全的 4K 内容（乐视目前自制占有国内市场超过七成的 4K 内容市场份额，处于国产自制 4K 内容垄断地位），而这将伴随着乐视最新产品——超级电视 X50 Air 的诞生而让人震惊。

（5）用户体验

乐视网 TV 版开视频业内大屏弹幕之先河，用户只须扫描大屏上的二维码，即可用手机评论，评论会同步显示在大屏上，这为用户之间的互动提供了平台；它的多屏互动功能让客厅充满 Geek（极客，科技爱好者）感，只要登录同一云账号，轻轻一划，即可将手机上正在播放的视频推送到大屏播放，而且支持异地推送，让用户在外出游玩时也能实时跟家人分享；推出了业内首家大屏智能推荐引擎“猜您喜欢”，通过用户播放记录、观影时长、相似人群观影类型、社交平台数据等大数据分析，为用户推荐其喜爱的视频，“私人订制”个人专属的大屏页面。

乐视 TV 自进入智能电视行业以来就多次创造销量纪录，它的出现打破了电视屏幕互联网化进程的胶着状态——互联网视频企业做电视。它改变了视频网站靠卖贴片广告赚钱的玩法，改变了传统彩电企业单纯的“卖硬件”法则，也让用户真正见识到了互联网思维的“互联网电视”。通过自主研发，乐视 TV 深度把控平台、硬件、软件、内容、核心应用的每个环节，成功打造“平台 + 内容 + 终端 + 应用”的生态体系。正如贾跃亭表示，乐视 TV 重新定义了电视。

企业如何运用互联网思维，绝对不仅是做做微博营销、微信互动，也不仅是运用云计算、大数据这些技术，而是要把这种思维放到产品中去，产品才是企业思维、服务、理念的载体，通过这个载体实现超值的性价比、极致的用户体验、完整的生态体系。这样，企业才能在这场互联网攻防拉锯战中守住城池再攻城略地。

结语

品牌建设是一项长期任务、系统工程，必须有个科学的规划来指导。产品质量是品牌建设的关键。只有产品质量达标了，才能体现出品牌的核心要素——价值承诺，这样品牌之树方可扎根于不败之地。产品创新是品牌建设的活力源泉。一棵品牌之树栽种起来后，需要不断吸取创意养分，这样才能生出嫩芽新枝。而互联网思维则是品牌建设的强心剂。企业需要运用互联网思维去搭建出一个完善的产品生态链，这样品牌之树才能保持常青、长盛。

3 品牌乐章的伴奏

声浪原点理论认为，服务是构成产品的要素，尤其是对于服务行业来说，服务本身就是产品。而对于生产有形商品的企业来说，服务则带来附加价值，是产品不可分割的一部分。随着知识经济的到来，消费者对产品的要求越来越高，对服务也提出了更高的要求。现在消费者在购买产品时不但会留意产品本身的好与坏，而且会更加注重企业的服务质量，考虑企业能否给他们带来细致、贴心、人性化的满足。

3.1 员工服务

由于服务在消费者购买过程中是看不到、摸不着的，消费者只能从员工的行为和态度中获得对企业的印象，所以员工的服务质量直接影响着企业的形象。这就要求员工要有“以消费者为中心”的服务理念，可以为消费者提供某方面服务的全面解决方案。

◎ 海底捞：把服务做到极致

海底捞虽然是一家火锅店，但它的核心业务却不是餐饮，而是服务。在将员工的主观能动性发挥到极致的情况下，“海底捞特色服务”日益丰富。在海底捞，顾客能真正找到“上帝的感觉”，甚至会觉得“不好意思”。不得不承认，海底捞的服务已经征服了绝大多数的火锅爱好者，顾

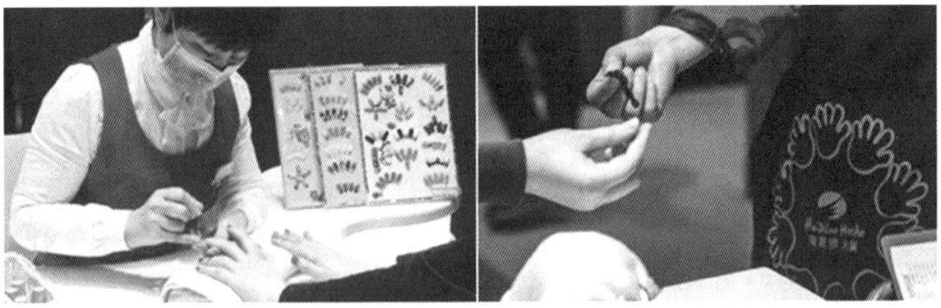

客会乐此不疲地将在海底捞的就餐经历和心情发布在网上，直言“人类已经无法阻止海底捞了”。海底捞究竟有着怎样神奇的服务呢?

去过海底捞的顾客就会发现，等待区手持号码等待就餐的顾客可自取免费水果、饮料和零食，还能免费美甲、擦鞋；如果是几个朋友一起，服务员会主动送上棋牌等；点餐时，皮筋、手机袋、围裙都已经全部送到手边，饭后还会送上口香糖等等。这些已经被列为标准项目的特色服务，是每个去海底捞就餐的顾客都会享受到的服务，难能可贵的是海底捞几年如一日的高品质服务。

此外，在服务过程中，会随机出现种种的意外情形，任何一种制度与规范也不可能事先穷尽所有的情形。只有秉持企业的服务原则，以企业主人翁的心态去主动发挥，随机应变，才有可能给出完美的解决方案。而这种迎合顾客不同需求的完美与贴切，才是海底捞的服务被冠以“变态”的真正原因。

海底捞创始人张勇在一次采访中提到这样一个例子。在上海某家店里，有一个员工发现某位消费者多次把鹌鹑蛋上面的萝卜丝夹到碗里吃。她感觉那位消费者一定很喜欢吃萝卜，于是立即让后厨准备一盘萝卜丝，接着她端着这盘萝卜丝去调料台放上几味调料。当她把拌好的萝卜丝端到桌上时，客人很惊讶，她说：“我估计阿姨爱吃萝卜丝，特意拌了一盘送给阿姨吃，不知道你们喜不喜欢?”那一桌顾客非常高兴，边吃边夸，还问这萝卜丝是怎么拌的。接下来一个月，他们连来了三次，还把其他朋友介绍来吃饭。一盘萝卜丝的成本很低，但它创造的价值却很大。张勇说：

“创新在海底捞不是刻意推行的，我们只是努力创造让员工愿意工作的环境，让他们自由发挥服务技能。”

开连锁店最讲究的是标准化，可标准化保证质量的同时，也压抑了人性，因为它只是雇佣员工的一双手，却忽视了他们最值钱的部位——大脑。海底捞这种服务机制让员工真正创造出远远超出消费者预期的服务，解决流程和制度不能解决的问题。它更有品牌价值，更能赢得口碑。

3.2 售后服务

在产品同质化日趋严重的今天，售后服务的质量越来越重要。因为它不仅涵盖了商品的质量保障、维修保养、零部件供应、市场信息反馈等一系列与产品和市场有关的内容，而且涉及了企业信用、品牌美誉度、盈利模式等与企业竞争力相关的内容。它直接关系着品牌营销链的健康循环——消费者的再次购买和对周围消费者购买意向的引导。可以说，售后服务如今已成为企业创造优质用户体验、取得消费者信赖、市场竞争制胜的重要因素。

◎ 惠普：IT 行业的服务标杆

惠普一直注重售后服务，从 2001 年“惠普维修”正式更名为“惠普金牌服务”后，惠普在中国多次获得年度最佳服务奖，深受消费者与业界的一致好评。截至今天，惠普金牌服务在中国依然是 IT 行业服务的标杆。

“惠普金牌服务”旨在打造全面客户体验，即在惠普，服务不仅仅是维修，它涵盖了用户从购买到售后的全过程，为用户创造全方位的优质服务体验。为了让金牌服务触手可及，惠普在北京、上海和大连都建立了呼叫中心，拥有全行业最多的座席数量，同时设有多语种技术支持热线和非技术反馈热线，并将服务时间延长至晚上 9 点，部分地区甚至实现 24 小时的全天候电话服务支持。惠普目前在全国1900多个市县设立了授权维修服务中心，提供365天全年无休，全国范围无距离限制的上门服务。此外，惠普还增开服务渠道，包括E－Support的多种服务模式，如一对一远程控制和远程诊断、自助型服务、互助型服务以及邮件回复等，满足不同用户的使用习惯。

除了加大投入拓宽服务面，惠普从2011年开始积极开展“客户关怀日”主动服务活动，在全国各地深入卖场、校园、社区等，提供电脑免费检测、清洁、保养以及机器调试和咨询服务。这项活动自开展以来，在短短一年时间里便开展了近1600个有效服务日活动，惠及超过两万台电脑，赢得了消费者广泛的好评。

如今企业售后服务已经不是简单地注重礼貌的问题，光说客套话或光点头是不够的。企业需要统筹丰富整个售后服务体系，将品牌理念从生产型企业向售后服务型企业转移，以此为基础来实现优质的用户体验。像惠普这样善打服务牌的企业自然会受到更多消费者的认可，在激烈的市场竞争中获得生存与壮大的机会。

3.3 物流服务

伴随着国内移动互联网的大面积普及，电子商务行业也如雨后春笋般发展起来。上淘宝、逛京东、刷微商等网购形式层出不穷，“618”“双十一”“双十二”等网购促销日不断轰炸消费者。在这一片电商海潮里，刺激消费者购买的“痛点”除了物美价廉的产品之外，还有迅速便捷的物流服务。尤其是在产品同质化愈发严重的今天，物流服务更是众多电商企业赢得市场的一把金钥匙。“得物流者得天下”这句话已经成了电子商务行业的信条。每一家电商企业都想做好物流服务，但这并不是一件简单的事情，它需要企业有条不紊地进行一系列的前期规划布局。

◎ e 国网：“大跃进”式的物流服务

e 国网，成立于 1999 年，是中国第一家大型电商平台。如果说 2003 年上线的淘宝还是草根式的电商企业，那 e 国网就是电商界的明星企业。在 2000 年，“e 国一小时”送货服务推出市场——在北京四环路以内，用户只须在网上下订单，e 国网一小时内送货上门，货到付款。这项物流服务推出后，在北京享有极高的声誉，同时也让 e 国网每个月的销售额从 10 万元增长到 100 多万元。但仅仅一年之后，“e 国一小时”就宣告下线了，e 国网也落得亏损倒闭的下场。成也萧何，败也萧何，e 国网因物流服务而成名，也因物流服务而落幕。

如今看到“e 国一小时”这样的物流服务，相信很多人都为它捏把汗。就算是在今天，京东、亚马逊等购物网站都不敢做出这样的承诺，何况是在十几年前。但 e 国网为什么要率先提出这样的物流服务理念呢？那是因为从 1999 年开始中国电子商务的热潮一浪高过一浪，其中消费类电子商务网站 1100 多家。面对众多的竞争对手，e 国网需要用更有噱头的发声——“一小时送货上门”来吸引消费者。这项物流服务也的确让 e 国网成功在

市场竞争中脱颖而出。为了迎合消费者的需求，即便是消费者只买一罐可乐，e 国网也敢接单，并以比零售店更低的价格送货上门，完全不在乎利润得失。随着下单量的激增，e 国网为了保证物流服务的正常运作，不得不花重金去扩张物流队伍。在销售低利润和物流高成本两座大山的重压之下，e 国网最终砰然倒塌。

e 国网虽然很好地抓住了消费者的需求点，提供了消费者真正渴求的服务，但是在 2000 年，中国电商市场的物流配置还极不成熟，e 国网不顾现实情况，疯狂烧钱去打出优质物流服务的金牌，最终无以为继也是在所难免。

结语

“服务至上、顾客至上”，这是很多企业一直在喊的口号，但真正能感受到“以消费者为中心”的服务却不多。能否充分发掘消费者没有发现的隐形需求，为消费者带来非一般的惊喜，是衡量企业服务到位与否的标准。但是也不能一味追求服务至上，如果企业本身的实力支撑不了服务承诺，那就会给企业带来严重的伤害。

4 品牌乐章的成员

企业向客户提供的服务一般都是由员工来执行，员工的素质决定着企业的服务质量。因此声浪传播学认为，员工一直以来是企业品牌形象的有力代言人。例如在服务客户、团队协作等场合，员工的一言一行都体现着企业的专业水准。

不仅如此，在工作或生活里，员工主动对外输出企业的品牌价值，对提升企业口碑形象有着非常重要的影响。例如员工在向他人介绍就职企业的时候，其发表的言论直接影响着他人对企业的第一印象。

4.1 企业与员工的二重唱

自媒体时代到来，在“人人都有话语权”的鼓动下，一时间大大小小的企业纷纷通过官方微博、微信公众号、移动 APP 等方式建立自己的媒体平台来进行品牌传播。

企业自媒体除了以官方身份发布信息之外，员工也是企业自媒体的代言人。每个员工都可以从企业的整体利益出发，成为自媒体，为企业发声。例如财务人员可以打造有关财务领域的自媒体，管理人员可以打造有关管理领域的自媒体，这样不仅能够为员工带来个人品牌上的效益，还能形成一个矩阵群力促进企业品牌的宣传。

◎ 小米员工：玩转自媒体

作为一家靠营销成长起来的公司，小米及其员工在自媒体上做品牌传播取得的成果有目共睹。尤其是在微博平台上，小米可谓是“全民皆兵”，甚至有传闻说连小米的保洁大妈都开了微博。除了雷军及个别联合创始人表现得比较谦逊之外，小米中层员工的微博都充满战斗力，擅长为品牌造势，赢得关注。

由此看来，小米的自媒体阵容十分庞大，对企业的品牌传播有着不可估量的助力。我们通过几个小案例来看一下小米这支自媒体战队是如何打响这场战役的。

（1）热点跟踪

2014 年 8 月，微软裁员重挫诺基亚中国研发团队，这件事迅速在网络上传开，引起集体追忆与评论。小米员工“零零发”顺势更新了一条相关微博，针对诺基亚员工来小米求职一事发表言论，随后遭到了众多网友的吐槽，认为小米是傲气十足，甚至有调侃和讽刺原诺基亚员工的意味。而这种吐槽，随着“国民老公”王思聪对此微博的转发和负面评论瞬间变成了焦点。这位员工最后在微博上道歉，他回应表示，发布微博的本意并非评价任何公司，嘲讽诺基亚更无从谈起，微博只是还原了朋友之间的对

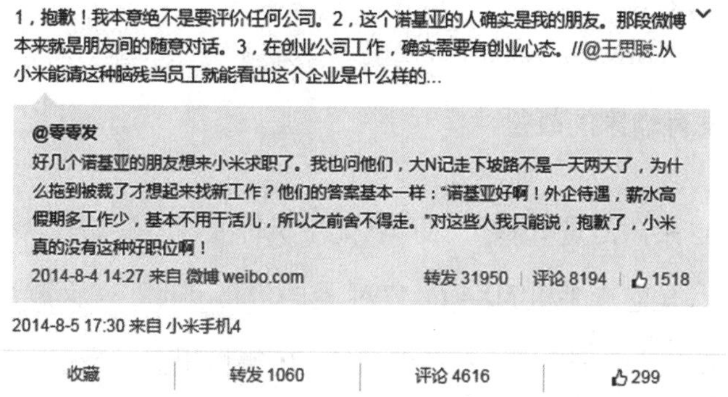

1，抱歉！我本意绝不是要评价任何公司。2，这个诺基亚的人确实是我的朋友。那段微博本来就是朋友间的随意对话。3，在创业公司工作，确实需要有创业心态。//@王思聪:从小米能请这种脑残当员工就能看出这个企业是什么样的...

@零零发

好几个诺基亚的朋友想来小米求职了。我也问他们，大N记走下坡路不是一天两天了，为什么拖到被裁了才想起来找新工作？他们的答案基本一样："诺基亚好啊！外企待遇，薪水高假期多工作少，基本不用干活儿，所以之前舍不得走。"对这些人我只能说，抱歉了，小米真的没有这种好职位啊！

2014-8-4 14:27 来自 微博 weibo.com　转发 31950 | 评论 8194 | 1518

2014-8-5 17:30 来自 小米手机4

收藏 | 转发 1060 | 评论 4616 | 299

话，而且小米作为创业公司，确实需要有创业者的心态。

小米员工这番言论在某种程度上的确会让人看后不悦，但他为什么要发这样一条微博？他是一名合格的企业自媒体代言人吗？其实在这条微博发出之后，百度关键词“小米”的搜索指数几乎翻了一倍，同时也进入当天微博关键词搜索排行榜前列，不得不说“零零发”制造了一次不错的品牌曝光事件。而且他后来面对非议做出了诚意的回应，无形中对小米的品牌形象有着“拨乱反正”的作用。

（2）借力传播

下面这条微博是小米员工“孙鹏”对网友吐槽红米 2 手机 1GB 内存一事做出的回应。他这番表态一出现立马引爆了网友们的评论热情。

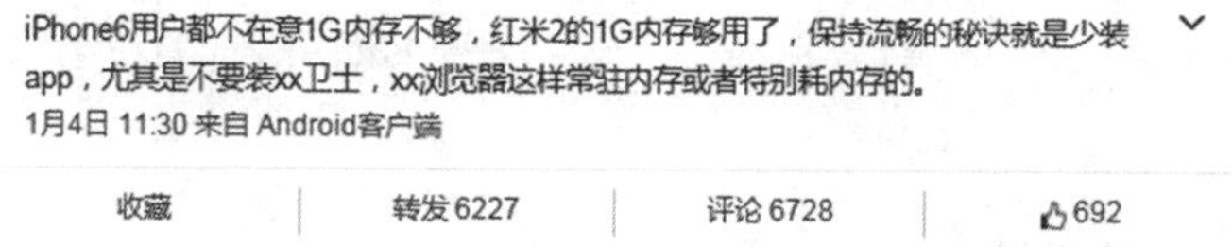

iPhone6用户都不在意1G内存不够，红米2的1G内存够用了，保持流畅的秘诀就是少装app，尤其是不要装xx卫士，xx浏览器这样常驻内存或者特别耗内存的。

1月4日 11:30 来自 Android客户端

收藏 | 转发 6227 | 评论 6728 | 692

我们会认为红米 2 与 iPhone6 根本无可比性，但孙鹏作为业内专业人士，难道就没有这样的常识吗？这看似奇葩的言论不过是在借位营销，小米及其手机从哪方面都不会以苹果为对手，但小米总是有意无意地把自己的产品跟苹果比，雷军都能公然表态这是在致敬苹果，那下面的员工显然要把这种“致敬”发挥到极致，尽可能地将小米手机跟苹果 iPhone 扯上关系，从而借力得势。

4.2 没有输家的战役

接下来这条微博是2014年国产智能手机行业口水战的一个缩影。这场骂战的导火线是魅族手机MX4以1799元的价格问世，一大波讽刺小米手机4售价1999元的评论涌进众多小米员工的微博里。于是小米整支自媒体战队加入了这场口水战，小米新媒体总监钟雨飞率先开炮，指责魅族组织和挑拨真假用户在各大手机厂商微博刷屏，小米副总黎万强和小米官微迅速转发；魅族不甘示弱，回应小米竟然用“水军”一词侮辱自己的用户，并称魅族永远站在用户一边。

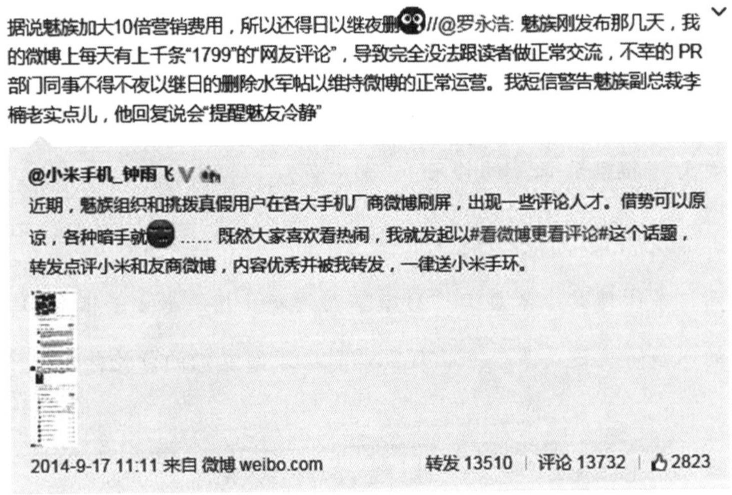

据说魅族加大10倍营销费用，所以还得日以继夜删//@罗永浩: 魅族刚发布那几天，我的微博上每天有上千条“1799”的“网友评论”，导致完全没法跟读者做正常交流，不幸的PR部门同事不得不夜以继日的删除水军帖以维持微博的正常运营。我短信警告魅族副总裁李楠老实点儿，他回复说会“提醒魅友冷静”

@小米手机_钟雨飞

近期，魅族组织和挑拨真假用户在各大手机厂商微博刷屏，出现一些评论人才。借势可以原谅，各种暗手就……既然大家喜欢看热闹，我就发起以#看微博更看评论#这个话题，转发点评小米和友商微博，内容优秀并被我转发，一律送小米手环。

2014-9-17 11:11 来自 微博 weibo.com　转发 13510 | 评论 13732 | 2823

到底这场战役谁是赢家谁是输家？其实这是一场没有输家的作秀。因为国内手机行业竞争日益激烈，从过去拼渠道，到接受小米教育拼产品，再到现在拼产品、营销和售后的立体化竞争。在手机产品同质化和创新不足的今天，营销显得尤为重要，只有品牌高频曝光才会有市场。小米员工正是通过口水战的形式直接攻击对方的弱点，让自己的品牌优势被最大化地突出，并在用户心中不断刷新存在感，影响用户的购买行为。

小米作为一家典型的创业型互联网科技公司，他们员工的自媒体品牌传播策略比一般企业都要来得更激进前卫。但不能否认的是，这些传播行为的确是推动着小米手机的营销行动不断升级。因此，企业鼓励员工去做自媒体对企业自身的发展有着不可忽视的促进作用。

结语

员工要想成为企业自媒体的代言人，可以从兴趣或专业出发，自由发挥，创造内容，前提是保障企业利益，维护企业利益，有适合的时机就适当地曝光企业。这就要求员工必须不断去学习更新知识，并懂得如何分享传播。这样一来，整个企业便能够形成学习型组织的氛围。当每个员工自媒体都拥有一定的影响力后，企业再将其力量整合，就不是单单一个官方自媒体的力量能相提并论的了，这可是以几何级别膨胀的品牌传播。

当然如果一些优秀员工的自媒体风头过劲，企业会面临流失人才的风险。但是，一个优秀的企业不怕优秀员工的离去，企业内部已经建成一个培养优秀员工的机制，外部也会形成吸引优秀员工的磁场。

原点壳是品牌所具备的发声能力，由品牌定位、企业文化、企业感官形象体系和传播技能四部分构成，是品牌建设对外展示的基本要素。其中定位是品牌竞争的一把利器，企业文化能提升品牌价值，企业感官形象体系是消费者品牌认知的第一印象，传播技能是让声音变声浪的秘密武器。

5 最给力的发声点

品牌定位是企业对特定的品牌在文化取向及个性差异上的商业性决策，它是建立一个与目标市场有关的品牌形象的过程和结果。换言之，即指为某个特定品牌确定一个适当的市场位置，使商品在消费者的心中占领一个特殊的位置。当某种需要突然产生时，消费者脑海里会自然而然出现该品牌，供其选择购买。

因此，良好的品牌定位是品牌建设成功的前提，为企业进占市场，拓展市场起到导航作用。如若不能有效地对品牌进行定位，以树立独特的消费者认同的品牌个性与形象，必然会使产品淹没在众多产品质量、性能及服务相近的商品中。那么，企业该如何确立自己的品牌定位呢?

5.1 由产品属性主导的品牌定位

品牌定位的传统做法一般是企业从自己的产品出发，分析现有产品的功能属性以及在市场上所处的位置，然后再深入了解目标消费群，洞察他们的个性化需求，并且针对竞争产品进行系统调研比较，为产品塑造与众不同的，给人印象鲜明的品牌形象，确立品牌定位，最后通过整合传播生动地展现给消费者。品牌定位的传统做法如下图所示：

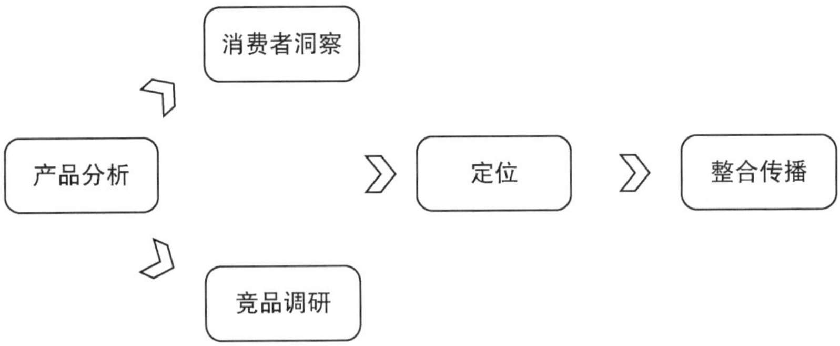

这种由产品主导的品牌定位关键是企业要设法在自己的产品上找出比竞争者更具有竞争优势的特性，能够提供某种特色来满足消费者的特定偏好，这就要求企业必须打造出自己的产品特色。

◎ 白云山小柴胡：不伤肝胃的感冒药

白云山小柴胡颗粒，是白云山光华药业公司的主打产品，源自张仲景《伤寒论》首方——小柴胡汤。但由于小柴胡颗粒在两千年的临床应用中功效甚多，在《伤寒论》中表述太专业，品牌定位相当困难，产品在市场上的表现也一直是不温不火。后来白云山小柴胡跑遍广州多家知名的品牌策划机构，历经长达七个月的反复讨论，根据产品不伤肝胃的特色，能够满足消费者对药物健康安全的需求，从而最终确定了一个清晰的品牌定位——白云山小柴胡，不伤肝胃的感冒药。

白云山小柴胡这个品牌定位是怎么得来的？回顾整个品牌定位的过程，可以分成三个步骤。

（1）识别产品特色

白云山小柴胡经过对产品的重新审视与调研，发现产品的属性功效相对西药而言不够强势，但它的“温”性，尤其是疏肝和胃的附加值，是其他感冒药都无法比拟的强有力的卖点，也是消费者健康的保障。于是白云山小柴胡从产品的特色“疏肝和胃，和解表里”出发，开始思考品牌定位。

（2）了解市场

中国自古就有“是药三分毒”的说法，它已是人们心中根深蒂固的一个观念。央视《每周质量报告》曾报道传统非处方感冒药一般在服用后会出现针对心血管、呼吸、神经系统的副作用。专家强调2岁以下的婴幼儿不要使用非处方感冒药，6岁以下儿童要在医生指导下谨慎使用。同时，老年人和患有高血压、心脑血管病、肝肾功能不全等疾病的患者也要慎用非处方感冒药。

白云山小柴胡意识到传统非处方感冒药在满足消费者治疗病症需求的同时也损害了他们的健康，消费者正迫切需要一种既可以治疗感冒，又保障身体健康的感冒药。

（3）定位与传播

找到了产品的最大特色，又了解到消费者心声，白云山小柴胡经过一番研讨后决定使用“不伤肝胃的感冒药”这句文案作为品牌定位。它不仅能清晰表明产品的功能属性，还最大限度地迎合了消费者对无损身体健康的药物的渴求。

为了快速确立品牌定位，赢取华南感冒药品市场，白云山小柴胡特邀香港当红演员佘诗曼为产品代言人，并制作投放了一支 TVC 广告，将其独特的产品特色准确地向消费者传播，在消费者心目中留下深刻印象。广告投放以后，白云山小柴胡在众多感冒药中脱颖而出，成为老少皆宜、家家常备的绿色感冒药，其销售量在数年内翻了近十倍。

围绕着品牌如何定位这个命题，白云山小柴胡思考的焦点始终围绕着产品属性，从中提炼出最大的产品特色，然后再深入了解消费者，找到与产品特色相呼应的某种需求心声，最后才确立了它的品牌定位。

5.2 由消费者主导的品牌定位

与传统的品牌定位不同，由消费者主导的品牌定位则是解决企业开发什么产品来卖给目标消费者这一问题的定位。从理论上讲，需要先了解消费者心声，将消费者有形或无形的个性需求提炼出来，再结合需求开发或改善产品，然后根据产品的特色确立品牌定位，最后将这一定位传播给消费者。声浪传播理论品牌定位模型如下图：

◎ 滋源洗发水：无硅油头皮护理专家

中国日化市场一直以来竞争都相当激烈，有无数的品牌成功，同时也有无数的品牌夭折。从产品来看，传统的本土日化品牌都是沿着外资品牌的方向走，处在同质化的价格战阶段，并没有创造出具有竞争力的产品。这种博弈是场长久消耗战，正因为这样，传统的本土日化品牌逐步被外资品牌蚕食而退出。

近年来洗护行业开始有“由于硅油不溶于水，可能堵塞毛囊，导致头油脱发”的说法，健康安全的消费诉求催生了“无硅油”概念。无硅油洗发水已经成为目前国内洗发水市场最新的热点，“无硅油”的话题在行业及消费者中频繁出现。

诞生于广州的新生洗护品牌——滋源，在绝大多数外资巨头仍在坚守“含硅油的头发护理产品”的时候，它顺应了当下的消费需求，确立了“无硅油头皮护理专家”这一品牌定位，开发出无硅油的头皮护理产品。正是凭借这极具特色的产品属性满足了消费者的最新诉求，滋源才得以成功突围而出。

明确了产品定位后，上市仅半年的滋源开始进行高密度、高频次的广告投放——独家冠名多档电视节目，由代言人宋慧乔演绎的TVC广告登陆各大一线媒体。它意在建立消费者对“无硅油＝滋源”的认知，同时为全渠道拓展打响知名度。至此，滋源已在全国完成大规模的线下线上销售网点布局，为开启头皮护理新时代迈出了坚实的一步。

尽管滋源目前的发声并没有达到与消费者共鸣的境界，但滋源如此鲜明、别具一格的品牌定位已然为它的品牌传播做好了坚实的铺垫。相信滋源未来的品牌之路将越走越顺畅。

然而，企业确立品牌定位后也不能从此闭门造车、故步自封。因为消费者的需求会随着时代的进步而发生变化，所以企业应该持续关注消费者的心声，让品牌定位因时而变。

5.3 品牌再定位

当企业原有的品牌定位不足以影响消费者购买决策的时候，只有再次倾听消费者的心声，重新回到原点寻求破解品牌的密码，再次确立品牌定位，这样才能让品牌永驻青春，成为经典。

◎ 白云山小柴胡：再定位带动高销量

我们在前述案例获知白云山小柴胡用传统的定位方法，深挖自身产品功能属性，最终在2009年确定了一个经典的品牌定位——不伤肝胃的感冒药，至今一直沿用。

如果翻开白云山小柴胡的品牌发声史，我们会发现它这个经典定位来之不易——2001年到2008年期间，品牌定位不断更新，销售量却一直上不去。2001年，白云山小柴胡摄制发布第一支TVC广告，告诉消费者“中药魔方小柴胡用于体虚感冒”，将产品定位于体虚人群；2003年，白云山小柴胡打出广告语“治疗加调理，感冒更容易好”，继续深化定位体虚人群；2006年，它改变定位方向，塑造出“小柴胡大用途”的核心诉求。然而，白云山这几次品牌再定位效果都不理想，它的年总销售量增长从2005年到2008年始终维持在同一水平线上。因此，它急需找到一个全新的发声点来突破瓶颈。从2008年开始，白云山小柴胡开始调整内部架构，优化品牌原点。一年之后，它发布了一场长达七个月的品牌推广策划招标。经过各方代理机构的竞逐，最后才确定“不伤肝胃的感冒药”这一定位。当佘诗曼代言的全新TVC广告上线后，效果是立竿见影的。我们来看小柴胡2001—2014年的年总销售量：

年度	年总销售量（盒）
2001	2000 万
2005	4000 万
2008	4000 万
2009	7000 万，当年增长 70%
2010	1 亿
2011	1.5 亿
2012	2 亿
2013	2.5 亿
2014	3 亿

当时代变迁，市场竞争出现很大变数时，企业原有的品牌定位落伍了，跟不上前进步伐了，如果企业不顺势而上，进行品牌再定位的话，那么它很有可能失去继续发展壮大的机会。

◎ 维他奶：再定位跟上时代新步伐

豆制品经典品牌——维他奶，从一开始的“平民的营养品”，到“休闲饮品”，再到后来的“经典饮品”，其根据时代的变化和自身的特点，也在不断调整自己的品牌定位。

20 世纪 50 年代，香港刚经历战争的洗礼，百废待兴。老百姓更是贫困交加，谈不上什么营养。那时只有少数的英国殖民者和华人中的贵族才喝得起价格昂贵的牛奶，普通百姓是望奶莫及。因此维他奶品牌创始人罗桂祥一开始就将其定位为“平民的营养品”。为了突出这款豆浆产品的营养价值，他将其称为豆奶，赢得香港广大平民消费者的心。

70年代，随着香港经济的发展，人民收入的增加，牛奶价格也逐步下降，一般人并不缺乏营养，如果维他奶继续标榜“平民的营养品”，不就自降身价了吗？加上当时汽水成为消费者的首选，对维他奶造成很大冲击。为了突显维他奶比汽水饮品更健康，提升它的品牌形象，罗桂祥打造出一个全新定位，让维他奶以一种“休闲饮品”的形象再度活跃在消费者面前，并提出另一句深入民心的广告口号：“岂止像汽水那么简单”。

80年代末，铝罐装的可口可乐大举进入国内市场，风靡一时。罗桂祥认为必须让维他奶品牌再定位，不然其市场终会被可口可乐蚕食掉。他发现对很多香港人来说，“维他奶”是个人成长过程的一个组成部分，大多数人对其有一种特殊的亲切感和认同感，“维他奶”对香港人如同可口可乐对美国人一样。由此，他重点突出维他奶亲切、温情的一面，让“维他奶”重新定位为“经典饮品”，成功引起了消费者的情感共鸣。

品牌的再定位对于品牌提升与延展是必要的。品牌再定位的时机选择则成为了再定位策略中关键的一环。罗桂祥在做出决策时，注意到维他奶再定位的时机是随着消费者需求的变化而有所不同。因此他据时而变，让维他奶这个品牌具有差异性，永远个性鲜明。

品牌定位是声浪原点战略的核心，通过消费者洞察让企业找到表象背后的真正原因和市场机会，从而更加精确、科学地建立自己的品牌定位系统，营造更具差异化的品牌声音，良性地促进市场的健康发展。那么在声浪原点战略中，有没有一些简单有力的品牌定位手段呢？

5.4 品牌定位可以很简单

品牌定位可以很简单——成为某个行业的第一品牌不失为一种制胜的

战略选择。我们让品牌在消费者的心目中占据最有利的位置，使其成为某个类别或某种特性的代表，当消费者产生相关需求时，便会第一时间想到这个品牌。虽然这种定位方法简单有力，但它并不适用于所有品牌。运用此战略的企业必须要有行业龙头的实力，这样才能名副其实，让人信服。

◎ 方太：中国高端厨电专家与领导者

目前，中国厨房电器行业正处于一个快速发展的上升通道。而国内高端厨房电器市场的第一品牌是谁？相信不少人会第一时间想到方太这个品牌。的确，通过权威机构中怡康提供的数据可以发现，从2004年到现在，方太的市场份额在中国已经连续10年稳居第一，市场占有率平均保持在40%左右。可以说，以方太为龙头的厨电企业一手做大了中国高端厨电这一市场。

1996年才入驻厨电行业的方太，之所以有今天的行业地位，就是因为方太从创业之初就坚持走高端厨电品牌战略之路。在方太刚起步的时候，市面上有几百家企业在抢占市场，但它们都在中低端市场上争夺，很少关注高端市场，普遍认为价格太高，消费者不会关注，消费理念还达不到那个高度，这给方太提供了一个树立高端品牌的机会。同时，方太对市场做了精细的调研，发现家电行业的高端品牌都是被国外品牌垄断，而国外品牌在吸油烟机领域却很少涉足，所以方太就决定在高端吸油烟机领域入手，先占领这一细分市场，再逐一攻占其他高端厨电领域。

于是方太在诞生之初的第一个五年里实现了吸油烟机由“敲打面成的五金产品”向“精工细作的现代工业产品”的转化。然后通过提升工业设计，强化产品时尚、潮流的元素，在2001年再一次将抽油烟机由现代工业产品向“追求品位与质量的消费品”转化。可以说，方太一直在引领中国吸油烟机行业前沿技术的发展，坚持打造出具有高端品质的产品。随着产品日益成熟，方太于2003年正式提出“中国高端厨房专家”这一品牌定位，开始将产品线拓展至灶具、烤箱、微波炉等，追求实现方太厨房一体化的完整套系。此外，方太建立起“全程顾问式服务系统”，将主要业务从产品向服务领域转型：方太的产品不再只是高端厨电，同样也作为厨房领域的专家为消费者提供服务。方太集团董事长茅忠群曾如此说道：“对高端厨电的正确理解应该是它需要回归消费者需求这一原点，能为顾客提供高价值的高品质产品和高增值服务。”

时隔一年后，方太进一步限定了高端厨房专家的专长范围：嵌入式高端厨房专家。新的品牌定位一方面强调了方太所提供产品的通用特性，另一方面更加强化了专属服务的范围——高端厨房装修服务。方太此举进一步加大了与竞争者的品牌区隔，也加强了消费者的用户黏度。

随着品牌化程度越来越高，方太在2011年进一步升华了自己的品牌定位——中国高端厨电专家与领导者。它发挥行业龙头的作用，将中国厨电高端市场的蛋糕继续做大，带动起整个中国厨电企业向高端化转型的主流趋势，同时阻挡了众多意图抢占国内市场的外资企业、洋品牌进入，也为中国企业、中国品牌在高端市场的崛起和成功打开了一条全新的道路。方太，无愧“中国高端厨电”这一定位。

结语

定位是什么？就是找到产品或品牌与生俱来的基因密码。对于创业者来讲，如果你的产品或品牌还没弄清或找到基因密码，建议你先别开始品牌营销，弄清了再干，别白忙活！定位的前提是弄清自己，自己都没搞清楚，如何琢磨消费者和市场竞争者的心思？在浩瀚的商海里，品牌定位能获得成功的也并不多。你看以下品牌就是破解了自己的基因密码才获得成功。

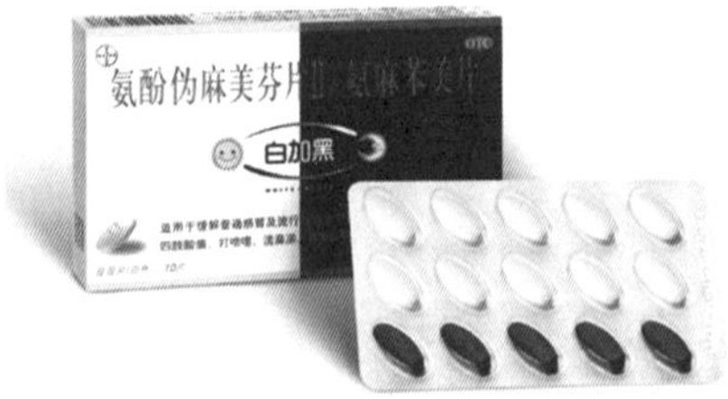

白加黑感冒药——

白天服白片，不瞌睡；晚上服黑片，睡得香

红牛维生素功能饮料——

困了累了，喝红牛

绿箭口香糖——

清新口气，你我更亲近

益达口香糖——

关心牙齿，更关心你

6 润物细无声

企业文化是企业在长期的经营活动中所形成的，是具有本组织特色的价值观念、团体意识和思维模式的总和。可分为三个层次：处在表层的物质文化，集中体现了一个企业在社会上的外在形象，是社会对企业总体评价的起点；处在中层的行为文化，是企业运营制度、人际关系的动态体现；处在深层的精神文化，是企业在生产经营中形成的独具企业特征的意识形态和文化观念。

在品牌声浪传播的过程中，有效利用企业文化的力量，甚至直接将企业文化作为传播的主体，能显著地提升品牌价值。这是因为品牌声浪传播核心价值的提炼需要相应企业文化的支撑。因此，企业要树立起基于企业文化的品牌声浪传播战略。

6.1　台湾掌生谷粒的物质文化

掌生谷粒，一个以当地土特产为主营产品的台湾品牌，自称贩卖的是台湾生活风格。自创立以来，掌生谷粒从日常生活的碗底出发，探访台湾各地用心耕作的稻农，以文字书写，用影像记录。在这趟探访中，掌生谷粒在田野里找回农耕社会吃到新米时的纯然感动，同时，也在台湾的饮食文化底蕴里发掘到台湾农业的生机与商机，借着精致的手感包装与诚恳的实地记录，逐步建立起一个小规模农业品牌，并迅速入围台湾人气卖家100强，其后出版的《掌生谷粒——来自土地的呼唤》一书，更引起社会对自然生活的反思。

掌生谷粒的企业文化在它表层的物质上体现得淋漓尽致。在产品包装

上，掌生谷粒将产品放入古朴的牛皮纸袋，用揉制而成的纸藤一圈一圈地绑紧扎牢，最后贴上棉纸外衣，用书法手写产地、产品与生产者的故事；在官网上，掌生谷粒开辟了多个专题频道介绍台湾生活的各个方面，以大量的影像文字素材讲述品牌的故事；在服务体验上，掌生谷粒除了以文字、影像深度记录各地食材滋味与饮食文化，同时也与各地耕作单位进行合作企划，邀请客户亲身体验“身土不二”的感动。

掌生谷粒深入农家，花心思与时间来了解农民和土地，无论是在深入的考察过程中还是在产品的包装设计与制作的过程中，他们都注入了新的观点，形成了一种独特的企业文化，让消费者亲近自然，享受生活的真谛。

6.2 阿里巴巴的制度文化

很多人都知道阿里巴巴创始人马云创造了一个让人津津乐道的企业制度文化——“侠客江湖文化”。马云深谙企业文化的重要性，他曾明确指出：“外界看我们，是阿里巴巴网站，是淘宝，但只有我们自己知道，我们的核心竞争力是我们的价值观和企业文化。”因为这才是竞争对手无法模仿的文化软实力。

在以“侠客文化”为特点的企业制度中，阿里巴巴有一种学校才有的轻松氛围，这又以人均年龄26岁的淘宝网最为独特。在淘宝，所有员工都为自己冠上“郭靖”“乔峰”“一刀”等金庸系小说人物的名号，谓之“花名”，如外企的“英文名”互称一样。

不光称谓，这种“侠气”几乎蔓延到了公司的日常运营中。平时开会、会客的地方成了“光明顶”“桃花岛”，淘宝周年庆活动被冠名为“武林大会”。每逢盛会，所有员工则是根据自己的花名加入不同帮派，争夺“天下第一帮”称号。在帮派里，更是完全打乱了原来的层级关系，让

所有的“店小二”忘记自己是领导还是属下，一些基层员工经常一跃成为帮主、副帮主，统领原来的上司。

通过这样的企业制度文化，马云给不断加速的阿里巴巴注入了充沛的活力，而此中的企业文化包容性和多样性，也更是这个企业的力量源泉。

6.3 海南航空的精神文化

海南航空，从投入1000万元创立公司开始，经历短短10多年的发展，成为总资产达到400多亿元的大型航空集团，在全国同业中排第4位。海航能够一步一步发展到今天，得益于它独有的企业精神文化。

海航的企业精神文化大致概括为“三以”“四大”“四至”“三为”。“三以”：以德养身、以诚养心、以义制利。“四大”：大众认同、大众参与、大众成就、大众分享。“四至”：至诚、至善、至精、至美。“三为”：为自己、为他人、为社会做点事。

这种企业精神文化从企业高层一直贯彻到基层员工。特别是企业老总陈峰更是以身作则，将这股“文化风”刮到海航的每个角落。每一次新员工进入公司后的第一件事就是听陈峰讲企业精神文化，讲公司的创业史，多年来从不间断。他还为此专门编印了关于企业精神文化的小册子——《红日当空》，里面收集了他在历次干部培训班上的讲话内容，包括“内明外用”的学养，做事和做人，世事与人生，“为人之君、为人之亲、为人之师”，佛家的因果报应，“以德平天下人心”等等。值得一提的是，这本区区 76 页的内部出版物居然还请来了台湾国学大师南怀瑾作序。

陈峰强调：“中国文化的实质内涵就是儒道释三家一体的精粹，其实就是人——人道和做人的学问。“人”的核心又是德，任何事都要人来做，任何人又都有做人的标准，中国文化本身就是一种对做人的教育，其中的精粹我们认为对于做好企业是大有裨益的。”正是以独特的企业精神文化为依托，海航才得以在海南经济最困难的时期开拓出一条快速发展之路。

结语

很多时候，企业文化是听不见的旋律，人们对自己熟悉的文化可能毫无感知，但它却时刻影响着其思维和行为。企业文化就像空气一样，空气质量的好坏影响着企业运营。中国企业以前比较关注“做大做强”，但现在很多企业已经发展到了新阶段，希望基业常青，这其实就是关注企业文化建设的过程。好的企业文化就像企业的灵魂一样，能够支撑起企业的长期发展。所以说，人才可以让企业做大，组织可以让企业做强，企业文化可以让企业做长。

然而，企业文化建设不是一成不变的，随着时代变迁，企业需要不断变革更新、与时俱进。要是紧紧抓住过去的成功经验不放，可能会失去对环境的敏感性，企业需要根据企业内外的环境与企业发展的需要进行文化的更新、进化甚至是再造。那些能适应企业未来发展需求的企业文化，才能带领企业走向成功。

7 看得见的声音

企业感官形象体系是企业视觉识别系统与听觉识别系统的统一体，其中品牌命名、LOGO、声音标识占有极重要的地位。企业通过感官形象体系设计，对内可以征得员工的认同感、归属感，加强企业凝聚力，对外可以树立企业的整体形象，有目的性地将企业的信息传达给受众，通过视觉与听觉符码，全方位地强化信息传达，从而获得受众认同。

7.1 好名难得

品牌命名是创立品牌的第一步。孔子说过“名不正，则言不顺；言不顺，则事不成”，并且根据这句经典延伸出一个成语：名正言顺！一个好的品牌名字，是一个企业、一款产品拥有的一笔永久性的精神财富。一个企业，只要品牌名称一经登记注册，就拥有了对该名称的独家使用权。一个好名字能时时唤起人们美好的想象，使其拥有者得到鞭策和鼓励；但一个不好的名字却会引起人们不良的心理体验，严重损害品牌形象。

◎“谭木匠”“黄氏响声丸”“不在城市”：名正言顺

“谭木匠”品牌的古朴形象在闹市街头抬头即见。它只有13年的历史，却给人“百年老店”的感觉。这个可以说跟它的品牌名字有很大的关系。木匠作为一个在近代几乎消失的职业，其实有很大的联想空间，能让消费者轻易地联想到其取材天然还有技艺精湛，与近年的热词“工匠精神”相吻合，既有民族传统文化韵味，也契合现今的价值取向。

济民可信药业“黄氏响声丸”则给人一种强有力的联想——黄氏给人一种中华中药世家古老字号的联想，借着中药的名号增加了自己产品的文化附加值，而“响声丸”三个字则强有力地说明了功效，并且给人以亮嗓开声的联想。

城市生活，除了先进与热闹，很多时候给人的感觉则是焦躁、压力、冷漠。城市中的人们，往往渴望远离喧嚣，感受生活的宁静，却苦于没有时间远离城市。“不在城市”这四个字，给人第一感觉就是远离城市，准确地抓住了都市人内心深处的渴望。但其实“不在城市”是一个纯粹、干净的文化创意交流平台。在这个平台，你可以找到城市中各种有趣的人与事，感受城市生活中舒适简单的一面。城市中的人因“不在城市”交流相聚，略带反差的形容，给人带来不一样的感受。

◎ 深圳机场：改名风波

1998年，深圳机场定名为黄田国际机场后，发现不少境外乘客特别是台湾乘客不愿意到该机场，舍近求远地在香港或广州白云国际机场乘机或降落。究其原因，才了解到“黄田”在闽南语中与“黄泉”谐音，乘客很容易将“去黄田机场”联想到“踏上黄泉之路”，多么不吉利的名字！谁还敢到“黄田机场”？2001年10月，深圳黄田国际机场不得不更名为“深圳宝安国际机场”，“宝安”与“保安”谐音，含有“保护平安”之意，更名后，该机场接待的境外乘客明显增加。

从以上案例可以看出，品牌名字给人的联想直接影响该品牌印象，这是由于千百年来文字、方言、俗语使人们对特定的词语形成定性思维的结果。所以，消费品的品牌名字也同样直接影响到消费者的想象空间，品牌的名字其实是一种无形的产品卖相。事实上，这种无形的卖相比起有形的消费品卖相（如包装、广告、陈列、价格等）更能影响消费者的购买情绪。试想一下，一位男士会穿品牌名字叫“绿帽子”的服装吗？

所以，给品牌起名字的时候，首先必须考虑该名字引起消费者产生联想后的结果，如果联想到的事物存在贬义或不祥之兆，就得慎重考虑启用与否。

7.2 会说话的LOGO

LOGO不但要是一个精心设计的图案，而且要创造出一个具有商业价值，并兼有艺术欣赏价值的符号，更好地将企业文化、企业精神、经营理念、战略目标等通过特殊的图形形式固定下来，从而令消费者看到LOGO而对企业产生认同。LOGO与企业的经营紧密相关，是企业日常活动、广告宣传、文化建设、对外交流不可或缺的元素。随着企业的成长，其价值也不断增长。在企业建立初期，好的品牌LOGO设计无疑是日后无形资产积累的重要载体。

那么，如何打造一个成功的LOGO？

LOGO 必须要有独特的个性，容易使公众认识及记忆，留下良好深刻的印象。相对来说，若 LOGO 与其他企业的相类似，没有特征而面目模糊，一定不会使人留有印象。识别性是 LOGO 的重要功能之一。市场经济体制下，竞争不断加剧，公众面对的信息纷繁复杂，各种 LOGO 商标符号更是数不胜数。只有特点鲜明、容易辨认和记忆、含义深刻、造型优美的标志，才能在同业中突显出来。它能够使企业区别于其他同行，使受众对企业留下深刻印象。

◎ 凯迪拉克：贵族勇士的荣耀

凯迪拉克，该汽车公司成立时选用此名是为了向法国的皇室贵族、探险家安东尼门斯·凯迪·拉克表示敬意，因为他在 1701 年建立了底特律城。选用盾形纹章象征着凯迪拉克汽车公司在汽车方面的先驱和领导地位。盾寓意凯迪拉克军队的英勇，盾形徽章象征底特律城创始人的勇气和荣誉。

LOGO 代表着企业的经营理念、文化特色、价值取向，反映企业的产业特点、经营思路，是企业精神的具体象征。大众对 LOGO 的认同等同于对企业的认同，只有当企业的经营内容或企业的经营理念与外部象征——企业标志相一致时，才有可能获得社会大众的一致认同。LOGO 不能脱离企业的实际情况，违背企业宗旨，只做表面形式工作的标志，失去了 LO-

GO本身的意义，甚至对企业形象造成负面影响。

◎ 亚马逊：统一的声音

亚马逊（Amazon），全球电商巨头。据悉，亚马逊创始人贝索斯当初之选择Amazon这个名字，有一个重要原因是它能让人联想起亚马孙热带雨林，暗示着亚马逊巨大的经营规模。而亚马逊的LOGO中有一个橙色的箭头。这个箭头从第一个英文字母a指向最后一个英文字母z，代表在亚马逊网站能找到所有顾客需要的产品。此外，单看箭头和指向部分的构成，像一张笑脸，还带着个酒窝，其寓意表明在亚马逊网站能拥有满意的购物体验。商品应有尽有和服务尽显人性化是亚马逊至今屹立不倒的两大利器，这些在它的LOGO里都能找到具体象征，两者形成统一的声音。

amazon

随着企业的经营发展，LOGO所代表的内涵日渐丰富，企业的经营活动、广告宣传、文化建设、公益活动等都会进入大众的视野，并将对LOGO的记忆刻画在脑海中，经过日积月累，当大众再次见到LOGO时，就会联想到曾经购买的产品、曾经享受到的服务，LOGO就是这样将企业与大众联系起来，成为连接企业与受众的桥梁。

◎ 中国联通：编织用户的心声

中国联通的LOGO是由一种回环贯通的中国古代吉祥图形“盘长”纹样演变而来。纵横交错的线条象征着发达的现代通信网络，寓意着信息社会中联通公司的通信事业井然有序而又迅达畅通，同时也象征着联通公司的事业生生不息，日久天长。LOGO造型中的四个方形有四通八达，事事如意之意，六个圆形有路路相通，处处顺畅之寓，而标志中的十个空穴则有圆圆满满和十全十美之义。无论从形态，还是从象征意义上讲，都洋溢着古老东方的吉祥气象。LOGO 还有两个明显的上下相连的“心”，它展示了联通公司的宗旨：通信，通心，联通公司永远为用户着想，与用户心连心。

LOGO 确定后，并不是一成不变的。随着时代的变迁，历史潮流的演变以及社会背景的变化，原先的 LOGO 可能已不适合现在的环境。如星巴克、苹果 LOGO 的演变，都是生动的例子。企业经营方向的变化、接受群体的变化，也会使 LOGO 产生革新的必要，总之，LOGO 应该是适合企业的，并紧密结合企业经营活动的重要元素。

◎ Airbnb：重获新“声”

辐射全球 190 多个国家的房屋短租公司 Airbnb，在 2014 年发布了全新的品牌形象。新的视觉系统包括 LOGO 和网站的全面升级，辨识度大幅增强。

Airbnb 的 Slogan 所表示的“家在四方（Belong Anywhere）”。他们希望 Airbnb 给用户的感觉是无论你去到世界上的任何一个地方，都像回家一样。

新 LOGO 看上去就像一个倒过来的心形。实际上，它是几种元素的抽象整合——第一，字母 A 代表 Airbnb；第二，它像一个张开双手的人，代表用户；第三，地理位置的标记，代表旅行地点；第四，心形符号代表爱。

Airbnb 的旧 LOGO

品牌重塑后的新 LOGO

新 LOGO 的设计如此简单，人人都可以随手画出。

同时，新 LOGO 还能十分方便地延展出其他应用，例如邮票、冰箱贴、钥匙扣等。

不难看出 Airbnb 的 LOGO 升级是伴随着企业文化沉淀自然而生的，新的 LOGO 相比之前英文字母简单构成的 LOGO 有了更大的信息量，是对企业价值观的表述，而且更为重要的是，它比之前的 LOGO 更为简单，消费者对此标志的记忆效率更高。

品牌要“发声”，最简单直接的方法是创造一个带有品牌特质的 LOGO，因为一个成功的 LOGO 会帮品牌“说话”，制造声音。同时，我们应该用发展的眼光去维护这个品牌的“发声点”，让 LOGO 随着企业发展的需要而做出适当的改变。这样有助于顺应企业的发展需要，将企业的声音源源不断地传播出去。

用心用力去建设、维护这个“发声点”，是企业发展路上必须走的一步。

7.3 声音符号

声音是人类信息传播过程中的重要载体，声音的自身物理特点决定了它在传播活动中的独特作用。声音标识是用节拍、音乐或语言来传递人文信息以达到让消费者记忆品牌的功效。品牌传播中，声音标识的运用已经十分普遍，其重要性日益显现。由于品牌竞争的激烈，目前可视标识已经减弱了品牌传播的效果。声音标识因能跨越语言文字障碍而进行沟通，能弥补可视标识在品牌传播中的不足。

◎ Intel：小动静，大反响

Intel 于 1991 年启动著名“Intel inside”计划，即任何一位电脑生产商，只要在其广告上加入 Intel 特别制作的“Intel inside 图像＋声音标识”，英特尔就会为其支付 40% 的广告费用（在中国比例是 30%）。在电脑业利润日趋低下的情况下，Intel 的广告返款已占到一些电脑公司利润的 1/4，成为公司利润增长的主要来源。

于是，Intel inside 的品牌声音标识在全球范围内平均每 10 分钟就会奏响一次。这个伟大的“小动静”，创下了传播史上的奇迹。该计划改变了内嵌式的电脑芯片的地位，使得许多消费者会将自己电脑内有没有内嵌 Intel 的芯片作为判断电脑档次高低的标准，它改变了电脑上游供应商品牌的地位，改变了面对最终用户的技术推广方式，铸就了 Intel 将近 390 亿美元的品牌价值。

8 让声音变声浪

在这个信息爆炸、媒介膨胀的时代里，品牌要在市场上表达自己的主张，在嘈杂的环境中发出清晰而独特的声音已经变得异常困难。如何解决这个问题？企业需要具备品牌声浪传播的技能来突出重围，让品牌的声音真正传到受众的心底。

8.1　密度

一个品牌的广告出现频次越多，消费者越容易产生抗拒情绪。因为它不断入侵消费者的生活空间，时间长了，很容易变成一种噪声。广告是有度的，企业需要认真分析消费者的反应，找到广告合适的投放时间和频次。

◎ 58同城：充耳不闻

从2011年开始，由杨幂大声吆喝的58同城广告陆续攻陷了全国各大城市的公交系统。很多乘客发现该广告每次连播2遍，广告时段内几分钟重复一次，一小时的车程内杨幂亮相多达数十次。他们纷纷表示这样重复而又密集的咆哮体广告，让人非常“崩溃”，有“砸电视的冲动”。尽管如此高频率的投放有助于扩大品牌知名度，却以带给人们极为不好的体验为代价，这样有了知名度但毁了美誉度，不是得不偿失了吗？

8.2　韧度

不少企业在投放广告时有一个常见的误区，就是在心中给自己列了一个时间表，如果在某一段时间内业绩增长明显，就继续投放，如果没有这样的效果，就往下撤。这种想法本身没有错，但许多时候错就错在企业把这个时间表定得太急功近利。比如说，如果三个月产品没有如企业期望的那样火爆热销，企业就急于下结论，这个产品不适合目前的市场，相应的广告也没有必要继续投放了。

之所以这些企业会陷入这样的误区，是因为他们忽视广告有着明显的滞后效应。虽然引导购买商品是广告的作用之一，但是购买本身是一项实质性的行动，从广告引起消费者对商品的好感到实际购买之间有很多的变数，例如经济气候、季节更替、竞品行为等因素都会影响到消费者在购买时的选择。就算是消费者接收到广告传达的信息并认可广告中的产品，但在购买行为实施前，他面对的是一个开放的市场，选择机会有很多，从而导致购买决策过程被拉长，即广告奏效时间的滞后性。

◎ 江中药业：声音不断

占据国内健胃消食市场半壁江山的江中集团仍然每年把20%的销售额作为广告费用，不厌其烦、坚持不懈地进行广告宣传，其目的就是通过持续的宣传攻势，让消费者认识和记住产品，树立企业良好的形象和保持产品的美誉度。

其实很多优秀的广告都是通过密集和持续的投放才能发挥效应的。不论广告效果滞后时间有多长，只有保证它的投入，才能达到预期的效果。没有时间的积累就没有广告效果的积累，只有积累到一定的量，消费者才会去试一试，广告投放到一定次数后才能产生有效到达率，才能使消费者产生购买欲望。

8.3 广度

今天快速迭代的移动互联网催生了层出不穷的新媒体形式，无论是多屏互动的融媒体趋势，还是自媒体的社群效应、大数据的精准传播，都为品牌声浪传播提供了更为广阔的传播空间。因为品牌信息不再仅仅依附不同的媒体而出现，而是通过跨媒体互动的形式呈现出多元且统一的状态，所以，怎样把新旧媒体整合起来，拓宽品牌声浪传播的广度，是当今品牌发声的一大热点问题。

◎ 广州移动4G：多维发声

2013年，中国正式进入移动4G通信时代。国内三大通信运营商也开始攻城略地，各出奇招来招揽用户。中国移动借势广州马拉松赛事，以11月10日晚的三千人环大学城大型夜跑竞赛为中心，通过微博、微信视频、平面媒体、电视媒体、线下活动进行整合式宣传，达到覆盖面广、到达率高、受众印象深刻的综合效果。

（1）线上新媒体——第一阵营

Step1 **悬念微博**：9月27日，在4G放牌和正式上市的具体时间已经被业界及大众持续讨论一年的情况下，广东移动官方微博首次以官方立场发布了一条主题为“929 4G大喜”的悬念微博作为回应，立即引发了热烈的讨论。在大家对移动近期4G动向的多方猜测下，9月29日，广东移动官网在众人期待中正式启动了4G抢先预约放号业务，并同期通过微博、多家网络媒体及纸媒进行大规模宣传。在这轮攻势下，一个月内预约用户超过5万，营销效果远超预期。此次预约放号为广东移动带来了第一批4G用户，为此后的4G推广打好了基础。

Step2 **微博跑4活动**：与预约放号同时启动的广州移动4G“跑4活动”，旨在通过鼓励用户在已覆盖4G信号的广州市区用跑步写出“4”字，并发布自己的跑步截图上传至微博，即有机会获得4G上网终端。活动过程中，广州移动微博每日发布4G普及知识并转发活动微博，提升活动热度及4G资讯的普及度。在前几期中奖用户获得奖品后及时转发其4G的第

【929喜大普奔：4G真来了，广深客户不换号十月用上4G！】今天，广深4G全民预约，十月即可去营业厅认领4G！这意味着什么呢？——买一款4G手机，选个50元包1G的4G流量套餐，马上就能用上快3G十倍的4G网络！！求围观求鼓励T T： 网页链接

收起 查看大图 向左旋转 向右旋转

2013-9-29 15:03 来自 专业版微博

收藏 转发 5554 评论 1666 21

一手体验，对4G的正面形象进行了具有说服力的实效宣传。

为期一个月的活动共获得3147次总转发量，吸引51个大V转发，最终真实参与人数达到773人，此批参与者中，不乏多日跑步多次参加活动者，甚至在活动结束后依然保持了为广州移动4G跑出“4”字的习惯。

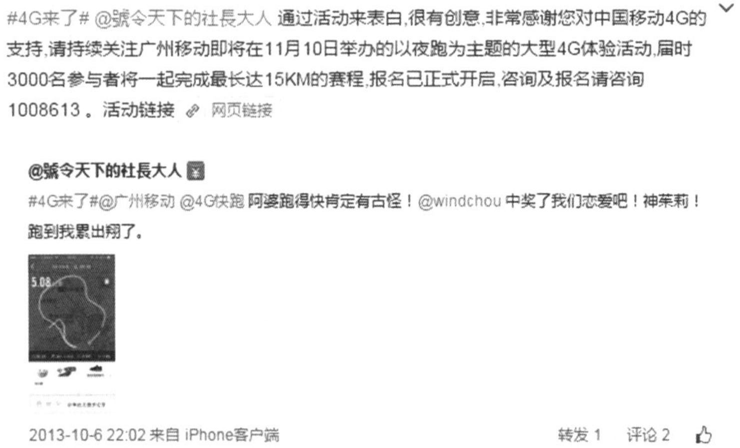
#4G来了# @號令天下的社長大人 通过活动来表白,很有创意,非常感谢您对中国移动4G的支持,请持续关注广州移动即将在11月10日举办的以夜跑为主题的大型4G体验活动,届时3000名参与者将一起完成最长达15KM的赛程,报名已正式开启,咨询及报名请咨询1008613。活动链接 网页链接

@號令天下的社長大人

#4G来了#@广州移动 @4G快跑 阿婆跑得快肯定有古怪！@windchou 中奖了我们恋爱吧！神茉莉！跑到我累出翔了。

2013-10-6 22:02 来自 iPhone客户端 转发 1 评论 2

Step3 **微博炫快大赛：**4G能带来极速手机上网体验。针对这个特点，广州移动顺应微博炫富这一流行话题，推出了以突出“4G之快”的互动性话题活动#炫快大赛#，鼓励全民秀出其在生活中的各种快。

半个月的活动时间内，共获得话题讨论595万次，引发了丰富广泛的话题讨论，最终以微博大V“天才小熊猫”发布植入移动广告的搞笑微博收官，单条微博达到了2万转发热度。

Step4　**微信同期宣传**：微信平台作为现今热度很高的新兴媒体平台，自然是品牌声浪传播不可或缺的一部分。本次微博推广的三项内容“悬念微博”“跑4活动”以及“炫快大赛”都在广州移动官方微信进行了同期的推送，全面覆盖移动互联使用人群。

Step5　**4G快跑招募片**：随着网络信息爆炸式地增长，网民的关注习惯也越来越以便捷生动为首选，从读字时代到读图时代，再到如今的视频时代，信息获取越来越直观。2013年10月中旬4G快跑正式开始招募参赛者，《4G来了，快跑起来》招募片于优酷首发并在首页力推，获得了51.7万次点击量。

(2) 传统媒体——第二阵营

在4G快跑活动已全面渗透广州地区互联网的情况下，传统媒体随即跟上，扩大声势，进一步铺开4G快跑活动的影响范围。

Step1 **候车亭广告**：活动期间，4G活动在广州市区及活动主场广州大学城共计300个白马候车亭投放了广告画面，吸引市民关注。

Step2 **平媒报道**：平面媒体作为传统媒体的主力军，是大型活动不可缺少的部分，其具有的权威性直接提高了整个活动的专业水准。

活动期间，《南方都市报》以及《广州日报》两家本土影响力最大的平面媒体对活动进行了10余次相关报道，从第三方的专业角度对活动进行了权威的展现。

Step3 **电视报道**：众所周知，电视媒体画面直观易懂，广泛覆盖各层次受众，广州广播电视台新闻频道的经济栏目在4G快跑第一次预热跑及终极跑当晚，对活动进行了现场采访，并在热门时段播出，效果辐射全市观众，吸引了大众关注活动。

(3) 线下活动——第三阵营

从网络，到传统媒体，再到落地，4G快跑活动从虚到实，从宣传到体验，目标人群从观望到参与其中。通过最后一击——大型线下活动，4G快跑迎来了意料之中的高潮，顺利完成全城热议的目标。

Step1 **抢眼预热跑**：“围观”近年来成为网络热词，当城市中出现一支吸引眼球的荧光跑步队伍，人们自然会拿起手机边拍边“围观”边“直播”。4G快跑赛前，分别在广州市中心区的花城广场及活动主场广州大学城举行了两次预热跑。醒目的4G快跑队伍在人群中起到了天然的广告作用，围观人数众多，不乏跟随队伍跑起来的人群，不少沿路跟跑者都向预热跑队伍咨询11月10日大型夜跑活动的相关事宜。

Step2 **酷炫特工队**：抓住人们爱“围观”的特点，广州移动出动两个身着4G快跑荧光T恤的壮男小方队，携带装载各类4G终端的特工箱，以4G特工队的形象在广州市区各商圈及广州大学城进行巡游。通过特工箱展示4G产品，并对4G快跑活动进行招募和宣传，其抢眼造型及“可蹭网”特性吸引市民的关注。

Step3　3000**人终极跑：**大型体育赛事一贯是市民热议的话题，特别是在广州马拉松前夕，跑步已成为广州市民关注的热点。11月10日4G快跑环大学城夜跑当天，四个组别的选手整齐穿着有科技感的4G快跑荧光赛服，在专业马拉松裁判的号令下开始比赛，跑步爱好者及专业跑者均获得了难忘的体验。所有选手到达终点前，都将通过荧光“4”字形赛道，跑过赛道即预示着跑进了4G时代。活动主办方为优秀选手及幸运选手颁发了广州移动4G先锋体验大礼包，超过三分之一的参赛选手都将正式成为第一批4G体验者。

作为中国移动4G网络广州大型客户体验活动，4G技术的展示是活动的核心内容，参与者不仅可以通过跑步记住活动，更可通过真正体验4G并成为4G的潜在消费者。活动终点区使用了大量4G技术，如通过4G即摄即传技术对赛事起点进行的直播，传回终点舞台大屏幕的高清画面延时

不超过 1 秒钟。现场特设的 4G 体验区也展示了 4G 技术带来的高清视频多屏同时播放及 4G 手机体验等 4G 业务。

广州移动 4G 这次体验活动很好地阐释了融合新旧媒体传播力量、拓宽品牌声浪传播广度的做法。它把平面媒体、电视、互联网、移动手机媒体、体验活动的传播优势互相整合，让所有传播媒介的功能价值都得以全面提升。通过这次活动的预热，更多人开始了解和关注移动 4G。其后，在广东移动官网预约放号的人数在短短一个月里已达 5 万，广州地区各移动门市沟通 100 服务厅的 4G 终端甚至出现断货现象。如此火爆的销售，为移动 4G 的大面积铺开打下了坚实的基础。

TWO 第二章 发声区

不发出声音，就没有市场！品牌与消费者的关系，如同你在山谷里呼喊，如果声音太小，可能山也不会用回声来回应你！

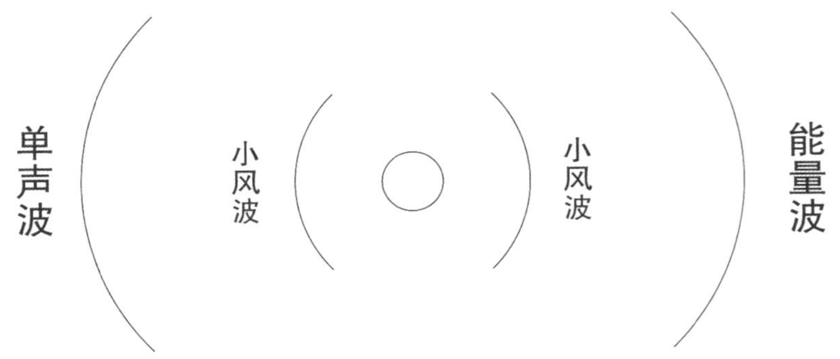

声浪传播学 | 发声区

● 如果说声浪传播的原点区是品牌的发声器官和发声能力，发声区则是品牌声音传播的介质以及声音本身。有发声器官和发声能力是企业品牌传播的基础，但只有器官和能力是不够的。如果只是品牌原点构建得好，却不懂得在合适的时候发出合适的声音，那么这个品牌会让消费者产生错觉，甚至是误会。因此企业将自身的品牌优势告诉给消费者这一步尤显重要。

● 那企业如何将自身的品牌优势告诉消费者呢？声浪传播学里提出“发声区”的概念，以企业发展为线索，指导企业在哪个发展阶段该用哪些发声策略。因为品牌发声不是简简单单地吆喝两声，它要根据不同企业的特性、不同的原点构建水准来选择适合品牌本身的发声层次与炼造级别。由此发声区主体分为三个波段：“小风波”“能量波”和“单声波”。企业可根据自身品牌的现状来选择不同的发声波段。

1 兴风作浪

在品牌声浪传播初期阶段，大多数企业在发声的内容形式和投放渠道上都打出稳妥的安全牌，“小打小闹一场”只图能闯进消费者的视野，留个印象。为何要采取这样保守的发声策略？因为品牌印象的好坏，很大程度上是由企业的品牌原点的基础决定的。如果品牌原点的基础实力有限，企业却盲目倾心于做品牌，建立起良好的品牌印象就是空谈。很多企业在市场推广遇到困境时，过多地把原因追究为品牌认知度不高。于是，在产品体系和销售渠道网络还不健全的情况下，盲目出手大肆发声，美其名曰“提高品牌认知度”。结果是由于缺乏品牌原点的有力支撑，再加上企业本身的发声水平有限，投放的广告大多徒劳无功，让企业陷入了雪上加霜的地步。

因此，企业发声需要谋定而后动，先沉住气将品牌原点优化好，再发起一场能让消费者与品牌相遇相知的发声运动。这场发声运动一般会在短时间内引发一轮舆论关注热潮，激发消费者了解品牌的欲望，品牌声浪理论体系称之为品牌发声“小风波”。

1.1 掀起小风波

创造并维护一个品牌发声点是掀起“小风波”的关键。企业要从品牌原点出发，提炼出一个有力的发声点，再聚焦在这一点，展开一系列品牌声浪传播运动，做到环环相扣，收放自如。这样才能慢慢积累发声能量，不断强化消费者印象。

◎ 景田百岁山：水中贵族的呐喊

提起“水中贵族”，想必景田百岁山这一品牌会在短时间里从脑海里冒出来。这样稳固强势的品牌认知，离不开景田百岁山的品牌原点及其传播方式都带有“贵族”色彩，也离不开它的品牌发声一直聚焦在“水中贵族”这一点上。

景田百岁山的工厂生产环境、自然保护区水源地、世界级的生产设备以及一流的产品设计都在全方位地传递“贵族水文化”的理念，特别是水源采自地层深处160米以下的花岗岩裂隙带，特别珍贵，这让它具备了“水中贵族”的先天特质。而在产品设计上，它突破了常规的斜肩设计，用环绕瓶身的四道凹槽凸显了瓶身的流线型美感，使产品整体显得更为晶莹剔透，价值无凡，着实有贵族的风范。

从面世以来，景田百岁山在品牌原点上深耕细作，这是它工作的重心。因此它在品牌传播上的表现一直不温不火，偶尔会在地方卫视露个脸。工欲善其事，必先利其器。景田百岁山深知企业需要慢慢积累发声能量，这样才能掀起一股持续深远的“小风波”。

2013 年 4 月，蓄势已久的百岁山计划发声的时机已然到来。它的一支广告在央视、各大卫视以及视频网站等多家媒体平台同步播出，立刻吸引大批消费者及同行的热烈关注。

景田百岁山在这次发声“小风波”中放弃了饮用水一贯强调水质好的叫卖式吆喝，用感性的广告画面在消费者心中加深了“水中贵族”的品牌形象：整支广告片里的演员、服装和道具都展现了地道的欧洲风情，其背景音乐优雅而浪漫，品牌调性高雅。景田百岁山用开放式的情节刺激着消费者的想象，填补了广告片诉求不强的缺陷。品牌的声音通过创新的艺术手法直达消费者，让消费者做出“水中贵族”等于“水质好”的品牌认知判断。

回顾景田百岁山的品牌发声史，不难发现它从构建品牌原点到掀起发声“小风波”始终聚焦在一个点上，一步步在消费者心中强化“水中贵族”的品牌联想，整个过程显得章法布局得当，很有策略。

1.2　发声莫贪多

品牌发声要是失去章法会怎么样？如果企业在品牌声浪传播初期阶段脱离品牌原点，盲目多点发声，制造多个“小风波”，那么建立品牌认知就是个伪命题，只会让企业陷入分散无力的发声泥潭。因为消费者会被一波未平一波又起的发声运动搞得晕头转向，知其然而不知其所以然，看不清品牌的真面目，更谈不上培养品牌美誉度和忠诚度。

◎ 恒大冰泉：不停在吆喝

恒大集团在未涉足中国足球之前名气并不响亮。自从成立恒大足球队，花重金打造出一支国内第一强队并顺势问鼎联赛冠军后，恒大开始引人注目。特别是在2013年改写中国足球历史的那个晚上——拔得亚冠头筹，全国无人不知晓恒大品牌。就在那天的赛场上，印有“恒大冰泉”字样的新球服第一次被球员穿上；中央五台和广东卫视的比赛转播间隙，时长5秒钟的恒大冰泉广告首次登场，此后频繁播放；在赛后恒大集团的庆功表演上，“恒大冰泉”广告牌成为舞台的背景，出现在最醒目的位置上……于是，恒大冰泉就像含着金钥匙出生的孩子，几乎一夜成名。

具有先天优势的恒大冰泉，在品牌声浪传播初期阶段吹响的声势相当浩大。如果在后续的发声运动中能顺势而上，保持一贯的走向，那么终会建立起“恒大冰泉”的品牌认知。而事实上它却是声东击西般不停在吆喝，一连掀起了多个“小风波”。

你看，恒大的广告主题在一年时间里变脸了近十次。从“天天饮用，健康长寿”到“健康美丽”再到“长白山天然矿泉水”“我们搬运的不是地表水”“做饭泡茶”“我只爱你”，中间再穿插“一处水源供全球”“出口28国”“爸爸妈妈我想喝”多种主题轮番上阵，让人眼花缭乱。

而它的代言人，从世界冠军教练里皮到演艺明星成龙、范冰冰再到2014年风靡国内，创下骇人收视率的电视剧主角金秀贤、全智贤，无一不是一线大腕，名人阵容强大得令人惊叹。

不光是发声问题，在市场定位、渠道选择上，恒大冰泉也一贯坚持“大跃进”模式。高端饮用水是恒大冰泉的自我标签，但它却好大喜功，想大小通吃，意图将高中低端市场一网打尽。那它的目标消费者到底是谁？

以上所述的种种表现，都在说明恒大冰泉在品牌定位上的混乱，仍然采取的是“高举高打”的市场策略，在品牌发声上还是“以我为主”的传统喊口号模式。这种做法虽然会在短时间内迅速提升品牌知名度，但是现在消费者对品牌的认知和喜恶正在逐渐形成，没有沟通就没有了解，建立品牌认知度就是一句空话。

有效的品牌声浪传播绝不是一场场目不暇接的广告运动，品牌发声需要一套精细化、规范化、策略化的组合打法。恒大冰泉这种“不差钱”的发声行为虽然能使品牌名气最大化，但它在一年里连续掀起数次“小风波”注定徒劳，没有韵律的声音终将会被淹没，甚至会损害品牌的名声。

1.3 借力互联网

以上所述都是传统媒体的发声策略，企业从品牌初建到掀起“小风波”，一般需要几年的时间在原点耕耘积累。但随着互联网新媒体时代的到来，一些抱上互联网大腿的传统企业能越过这段时间鸿沟，快速营造出全民热议的话题，让品牌发声“小风波”席卷整个互联网。

◎ 雕爷牛腩：内部“封测”引风波

雕爷牛腩的创始人孟醒，在微博的自我介绍是“在牛腩餐厅里熏着精油搞先锋戏剧的专栏作家”，一句话表明他旗下的两大生意：阿芙精油和雕爷牛腩。前者坐稳了淘宝系化妆品和中国精油产品的第一把交椅，后者更是颠覆了传统餐饮业的运营模式，成为O2O餐饮的成功典范。

一家餐饮公司的品牌原点构建无外乎是食物出品、用餐环境和服务体验。孟醒曾说将雕爷牛腩定位于轻奢餐，即用中等偏下的价钱去享受顶级餐厅的菜品、环境和服务体验。的确，孟醒对食物出品的要求非常高，他花500万元从周星驰电影《食神》中的原型人物——香港食神戴龙手里买断秘制牛腩，而且坚持只做每月一换的12道菜品，宁可做少而精的单品数也不愿牺牲品质与口感。至于用餐环境和服务体验，孟醒从服务员的装扮到免费的茶水再到餐具、菜单、菜品摆盘等环节都显示出其细致的用心。像服务员那身黑衣搭面纱的装扮，取材自缅甸“鸡翅木”，餐后能带走的专属筷子，拥有发明专利的定制面碗等等，无一不在刺激着食客拍照上网晒图的欲望。

然而，如果雕爷牛腩没有跳出传统餐饮业品牌发声的定式思维，即使它的品牌原点构建得再好也很难在短时间里得以名声在外。孟醒正是通过互联网让雕爷牛腩未出世已成名。

一般网游即将上线之前都会搞个“封测”，邀请玩家来玩，找出漏洞并修正。这一招被孟醒借鉴到雕爷牛腩中来，在开业前试行了半年的“封测期”，目的是调整菜品、筛选供应商和测试服务。在这半年里，孟醒通过微博邀请京城各界大V、明星、媒体前来免费试菜，以至圈内明星皆以获得雕爷牛腩“封测邀请码”为荣，纷纷在各自的微博微信上发布品尝心情。这些源源不断的风评经过二次转发后汇聚成一股“小风波”吹向互联网多个角落。

但不久之后有人发现有一项争议颇大的规定是不让12岁以下儿童进入用餐。于是在微博上开始出现许多骂声，但孟醒并不忌讳反而帮着转发这些微博。事后他说：“互联网最有意思的是粉丝文化，往往某个产品做得不错就会形成‘死忠’，一个产品越有人骂，‘死忠’就越坚强。像小米手机从诞生第一天开始就不停有人骂，但总有米粉们奋起反击。其实骂战的结果就是客流量大涨，产品大卖。雕爷牛腩的产品经得住考验，也经得起骂。”正如孟醒所说，在这个争议话题里，雕爷牛腩将骂声转化成品牌发声“小风波”，培养了一批忠实粉丝。

在正式开业的前一天，孟醒为了加大“小风波”的传播力度，一手策划了微博大号红人“留几手”到店用餐“巧遇”苍井空事件。“留几手”将这次偶遇发到微博上，经苍井空发声证实后，雕爷牛腩的关注度迅速暴涨，成为当天微博热门话题之首。

雕爷牛腩在这半年“封测”期里，一方面在微博上保持高关注度，另一方面又不让普通消费者进入用餐，这个“小风波”长期积累的神秘感引发的消费欲在开业后爆发出强大的消费力。

雕爷牛腩在 2013 年 5 月正式对外营业，在短短不到两年的时间里发展成为一个估值 10 亿元的餐饮品牌，被外界传颂是缔造了一个互联网思维的餐饮神话。它的成功得益于孟醒能花大力气构建品牌原点，创造出极致的客户体验，同时也离不开他善于利用互联网制造热门话题，让雕爷牛腩的品牌发声“小风波”迅速扩散开去。

如此看来，在风险与机遇并存、挑战与发展同在的互联网时代里，传统行业要是能像雕爷牛腩那样适时地突破固有思维，再转化为行动，也不愁在这个号角齐鸣的商业环境中发不出自己的品牌声音。

这几年来，中国有两大传统行业在互联网的推动下迎来了一个黄金时代，那就是电影和手机。“网络选座售票”“网站影评导向”“视频网站直播发布会”“网上预约抢购”等新鲜体验层出不穷，对整个行业以及受众都产生了很大的影响。如何抓住互联网带来的机遇，让品牌发声“小风波”不被淹没在浩瀚网终信息海洋中？来看以下两个成功典范。

◎《后会无期》：一波未平一波又起

从时间轴来看，从立项、筹拍期，到拍摄期、制作期，再到宣传期、上映期，微博一直是《后会无期》发声的主战场。“国民岳父韩寒”“喜欢就会放肆，但爱就是克制”“那只叫做马达加斯加的狗”……这些都引发网民的关注效应和阅读量。随后推出一首电影插曲《平凡之路》，朴树和韩寒联手复活了80后关于青春的集体印象，让他们不约而同地在微博与微信朋友圈刷起旧时回忆，最终在公众视野里激发了关于这部电影的“小风波”。

◎ 锤子手机：罗永浩的“情怀小风波”

纵观锤子手机的发展历史，从锤子ROM的发布，到T1手机的发布，罗永浩都会在网上进行全程直播。在发布会上他摒弃了以工程师思维主导的话语传统，没有抛出一堆硬件参数，而是用故事情怀和使用体验来发出

品牌声音，受到广泛的关注。到后来他与测评人王自如在优酷网“约架”，成为互联网史上第一场直播辩论赛，更吸引了近三百万人同时观看，将这场“小风波”推向高潮。

虽然在互联网新媒体上发起“小风波”较为容易——只要能抓住一个吸引眼球的发声点，再一步步发酵，保持方向的统一性，但如果品牌原点的根基打得不牢，那么即使曾经叱咤一时的“小风波”也会来得容易去得也快，消失在网络的海量信息里。像锤子手机在后来遭遇产能滑铁卢而大幅度降价，让这个新生手机品牌的前景陷入灰霾中。因此，一场“小风波”获得成效的两大因素是：发声前期有足够的品牌原点构建积累和发声时保证聚焦在一个点上。

结语

掀起品牌发声“小风波”是企业在品牌声浪原点构建初期为了打开知名度而采取的发声策略。虽然它只是小打小闹的发声行为，但它的发声作用不容忽视。因为“小风波”是消费者获取品牌第一印象的主要途径之一，它的发声对那些潜在消费群有着深远的影响；同时它也是企业检视自身原点区基础是否稳固的重要“试金石”。因此，企业需要对“小风波”加以重视，用心为品牌发声打造一个漂亮的开头。

2 一石激起千层浪

企业通过“小风波”实现了让消费者与品牌的相遇相知。这时企业需要再次与消费者展开对话，倾听他们的反馈心声，修正品牌原点的不足。待品牌原点与消费者的心声达成一致时，消费者会从认知开始信赖品牌。

如何建立品牌信赖度呢？品牌原点的不断壮大让企业可以真正“大闹一场”，具备能力执行下一步的品牌发声计划。为了提高发声音量和音质，企业需要整合媒体资源与消费者互动沟通，掀起一场波及面广且影响深远的品牌发声运动——“能量波”。那这“能量”从哪里来？

企业可以通过借力手段汇聚发声“能量”，即通过借名人或热点的传播力量来发出自己的品牌声音。

2.1 万和：借力赵薇

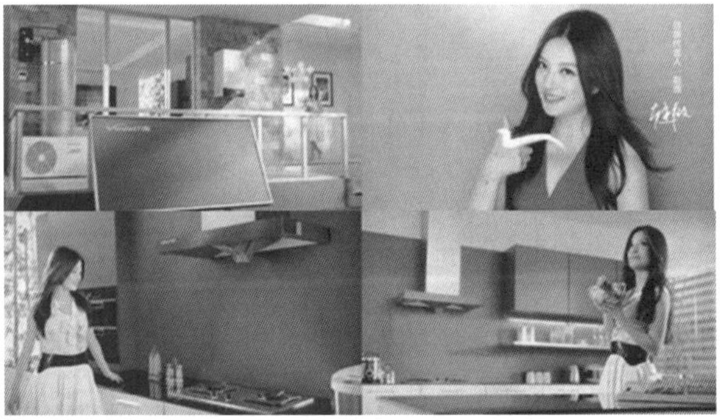

2013 年 8 月，著名影视艺人、新晋导演赵薇亮相广东万和电气创立 20 周年庆典晚会的现场。同一天，第 29 届中国电影金鸡奖评委会提名名单在京揭晓，赵薇执导的《致青春》获得最佳导演处女作奖、最佳女主角奖等六项提名。

万和与赵薇的牵手可谓是一拍即合。万和一直在自己的相关领域保持着技术领先性，与赵薇在演艺事业的领先追求是一致的。另外已为人母的赵薇散发的家庭温馨气息也贴合万和“科技温暖生活”的品牌理念。由她在TVC广告上向消费者说出“万和让家更温暖”这句话，像一股“能量波”直击消费者内心，让他们信服。

2014年10月，赵薇主演的《亲爱的》电影在热播。与此同时，由她演绎的万和TVC广告也在全国近三百家影院里携手这部电影同步上映。万和为此还在广州组织了一场数百人参与的观影会，为《亲爱的》全国首映助威，也为万和品牌的发声再添一把火。

2015年3月，万和特约第五届明星公民颁奖典礼在北京举行。活动当晚星光熠熠，本届明星公民的公益形象大使、万和品牌形象代言人赵薇携手王珞丹、尚雯婕、佟丽娅、袁姗姗、高群书、陈楚生、潘石屹等近百位名人共同传递“陪伴，让家更温暖”的公益理念，呼吁人们陪伴自己的家人、朋友，不再做“失陪者”。

作为本届盛典的特约品牌，万和巧妙地将品牌理念借助明星的力量进行传播，也将明星与社会公众连接在一起，成功挖掘了明星资源的社会化价值，实现自身品牌价值的飞跃。

企业选择品牌形象代言人，可以巧借他们的口吻来发出品牌声音。因为明星身上凝聚的超高人气能让品牌声音产生化学反应，变成一股“能量波”快速扩散出去，抵达受众内心。但除了明星的人气光环效应外，最重要的还是明星与品牌的相关契合性。如果两者的特质与内涵合得来，那么这股“能量波”会拥有长久的生命力。从万和寻求赵薇代言品牌可以看出，赵薇身上散发的个性特质正与万和的品牌内涵不谋而合，即两者都保持着在各自领域的领先性，通过赵薇发声更突出地表现万和自信不凡的品牌个性。而这种品牌个性会牢牢印在消费者心中，经得住时间的洗礼。

2.2 快克：借力姜文

在2007年以前，快克在消费者印象中可能只是一种感冒药，还不能构成真正意义上的品牌。如何让消费者在打喷嚏流鼻涕而需要用药的时候想起快克，快克团队对品牌形象载体进行了深刻思考。在2007年夏天，快克创造出正义化身的“快克超人”形象，吹响了发声的第一号角，赢得了社会普遍认可，其品牌认知度得到迅速提升。

快克立志成为民族感冒药行业的龙头品牌，在这个宏伟目标的驱使下，快克药业的品牌传播并没有停下它的脚步，实际上快克正在悄然酝酿着第二次品牌发声运动，将创意之火蔓延到了当时最为人津津乐道的电影《让子弹飞》。

2011年10月，快克药业召开“让快克出击”主题会议，宣布品牌代言人由不久前创下票房纪录的电影导演姜文担任，正式拉开品牌“能量波”传播的序幕。在这次声势浩大的发声运动中，快克突破了传统药企的品牌传播套路，选择了时下流行的发声方式——借力大热电影。

品牌宣传的调性首先成功地捕获了消费者的心，当时国内药企品牌从来没有与大明星结合得如此贴切，姜文本身的硬汉形象与作品质量的口碑直接影响了消费者对快克品牌的印象。紧接着TVC的设计也别出心裁，在

快克最新广告视频截图

形象代言人：姜文

广告语上面，曾计划选用火遍全国的电影标识性台词“飞一会儿”字样，但后来快克决定在这基础上再创作出新意，于是将原来的广告语“感冒流感，让快克飞一会”改为在电视上播出的“感冒流感，让快克出击”。这不仅能让消费者产生与电影《让子弹飞》的相关联想，更能彰显出快克产品疗效的力度与准度，巧妙地传达出品牌的理念，使他们记住能像子弹一样快速出击，击中流感病毒的感冒药。

药业与明星的联手虽然已经不是非常新鲜的事，但快克在选择与品牌形象相符的代言人的同时，还让消费者感受到这其中与大热影视的关联，这种发声方式并不多见。一部经典的影视作品会流芳百世，那么由这部作

品延伸出来的关于产品的正面联想也会长久存在。这股由快克的品牌形象与明星经典作品相结合后爆发出的“能量波”席卷了广大消费者，为产品赢得持久的关注。

2.3 凡客：借力韩寒

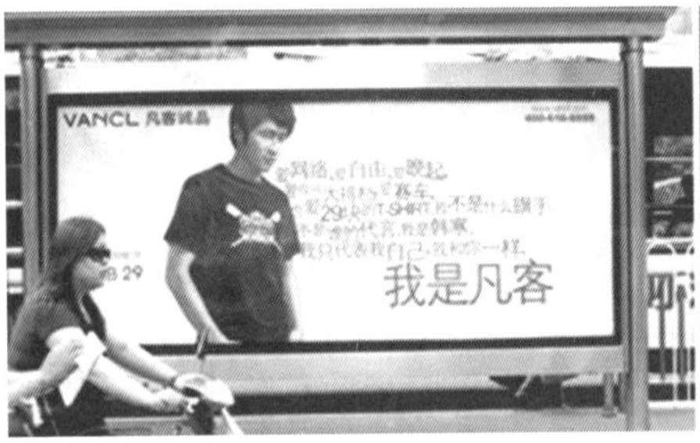

2010 年之前的凡客诚品，还是一个名不见经传的服装品牌。但在那一年无处不在的“凡客体”在网络上掀起一场大范围的病毒式传播，形成一股强大的“能量波”，彻底让这个品牌名声斐然。

什么是“凡客体”？来自于凡客诚品的两张明星代言广告海报的文案。2010 年 4 月，凡客邀请了作家韩寒和演员王珞丹出任形象代言人，两人各自出镜的广告海报开始出现在地铁及公交站牌上。在 3 个月后，豆瓣上出现一个热门线上活动，发起人抛下一枚创意炸弹，号召大家借鉴凡客诚品的广告文案套路，PS 自己的凡客广告，引来了大规模的网友 PS 效应，从豆瓣这个创意前线延伸至整个网络世界。PS 名人成为最初的风潮，地产大佬任志强、演员赵本山、打工皇帝唐骏等纷纷亮相。此后，PS 对象的范围进一步扩展至普通人，有人用它表白自我，有人则用来调侃同事，迅速形成全民大联欢。这不仅为凡客诚品带来诸多跟风的“诚品”，还由此诞生了一种崭新的文体“凡客体”：爱什么，更爱什么，我不是什么，我是什么。

在越来越多网友不自觉地参与创作以及传播的过程中，“凡客体”早已深入民心。在这场全民娱乐的狂欢中，凡客的品牌知名度也获得了极大的提升，其传播效果可以说是轰动一时，风头一时无两。值得注意的是，“凡客体”得以火遍中国的起源是凡客懂得借力名人自白，通过一开始的韩寒、王珞丹的自白引起大众的关注，挑拨他们的神经，再引发模仿狂潮。凡客的目标群体是喜欢戏谑主流文化的年轻人，其品牌的自我路线和个性形象在此次风波中彰显，并不自觉地在年轻人心中建立起来，难以磨灭。

2.4　999：借力《爸爸去哪儿》

2013 年，一场大型明星亲子秀《爸爸去哪儿》火遍中国电视圈，栏目收视率飙升，甚至超越《中国好声音》等娱乐节目而成为公众焦点。在节目播出过程中，通过节目冠名、“村长”口播、道具植入剧情等方式，作为医药品牌的 999 获得了前所未有的关注度。而“欢迎收看由 999 感冒灵和小儿感冒药冠名播出的《爸爸去哪儿》……”这句话也借着节目的热播而广为人知。这让 999 感冒灵这个老品牌一下子重获关注，家喻户晓，深得年轻家庭的信赖，在全国范围内进一步扩大市场占有率。

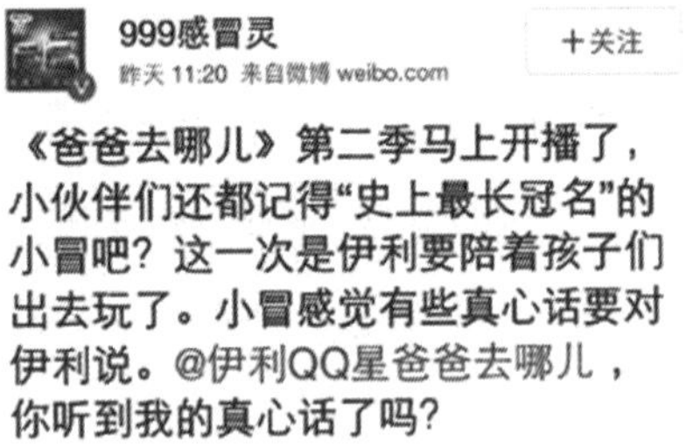
999感冒灵
昨天 11:20 来自微博 weibo.com
+关注

《爸爸去哪儿》第二季马上开播了，小伙伴们还都记得“史上最长冠名”的小冒吧？这一次是伊利要陪着孩子们出去玩了。小冒感觉有些真心话要对伊利说。@伊利QQ星爸爸去哪儿，你听到我的真心话了吗？

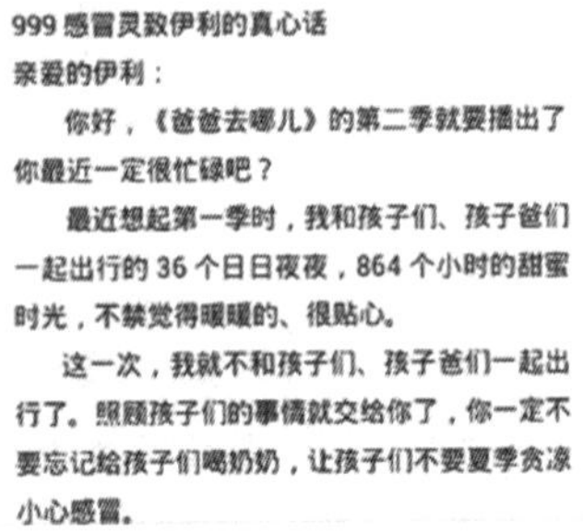
999 感冒灵致伊利的真心话

亲爱的伊利：

你好，《爸爸去哪儿》的第二季就要播出了你最近一定很忙碌吧？

最近想起第一季时，我和孩子们、孩子爸们一起出行的 36 个日日夜夜，864 个小时的甜蜜时光，不禁觉得暖暖的、很贴心。

这一次，我就不和孩子们、孩子爸们一起出行了。照顾孩子们的事情就交给你了，你一定不要忘记给孩子们喝奶奶，让孩子们不要夏季贪凉小心感冒。

999 感冒灵与《爸爸去哪儿》结缘可谓是一次美丽的意外。在节目播出不久后，微博上出现一个热门话题——#美的，你哭了么#。原来节目的独家冠名权是被美的企业握在手中，但美的因为对节目前景评估的失误而主动放弃了这个机会。经过一番周折后，999 感冒灵花费 2800 万元夺得这张幸运列车的车票。这个颇有戏剧性的消息一经传播出来，即引爆了无数网民围观的兴趣点，成功地将节目冠名商 999 感冒灵的品牌认知推向顶峰。

不仅如此，当第二季节目冠名权被伊利抢走后，999 感冒灵还顺势借着伊利，巧妙地发出一阵声波。第二季节目开播前，999 感冒灵向伊利发布了“真心话”温情告白，以其第一季 2800 万元的冠名费与第二季冠名广告商赞助 3. 12 亿元进行对比，呆萌地“调戏”了对手一把。幽默的语句，带有温馨的问候与依依不舍的眷念，999 感冒灵用一段简短的文字，轻松地将爸爸迷们的注意力吸引到了自己这边，同时也让品牌认知得以再度延展。

的确，《爸爸去哪儿》给 999 感冒灵带来的品牌认知上的成功有目共睹，在这之前如果有人提起999，能想到的还只是皮炎平，并不是感冒灵。那它声名大噪的成功秘诀是什么？除了要有抓住机会的魄力，更重要的是999感冒灵的品牌调性贴合《爸爸去哪儿》，能将借力之势发挥到极致。999感冒灵近几年一直打造“温情”“关怀”的品牌调性，这与《爸爸去哪儿》的“家庭温暖”“关爱”主题不谋而合，两者结合在一起，达成了双赢的局面。

2.5 九阳：借力《舌尖上的中国》

谁也没有想到一部美食类纪录片能够吸引全中国观众的疯狂关注，《舌尖上的中国》自2012年5月播出后引起了广泛的关注，创造了收视奇迹。这档热门栏目自然受到众多企业的青睐，把它作为自己品牌推广的“原材料”。

从《舌尖上的中国》开播以来，九阳电器便以“才下舌尖，又上心头”作为沟通主题，巧妙地贴合这个栏目，用一系列平面广告顺势解读栏目里的深层次内涵，在与消费者进行美食、记忆、精神层面的沟通时，将九阳的产品巧妙地融入其中，使消费者不知不觉间增强对九阳品牌和产品的好感。

九阳电器虽然不像999感冒灵那样砸大钱来借力大热栏目发出品牌声音，但正是通过一张张平面作品将《舌尖上的中国》阐释的文化内涵融进了它的品牌，这也让九阳电器能在网络上掀起一股强势品牌发声“能量波”。

结语

从以上几个经典案例不难发现，它们都极具创意，给人带来眼前一亮的感觉。在借力的情况下，品牌发声“能量波”奏效与否关键就在于创意的多少。品牌发声，向消费者大胆“表白”，只有足够的“创意”才可唤醒借力得来的能量，冲击消费者的内心世界，成功打动对方。

3 圈子里的声浪

尽管品牌发声“能量波”能提升企业的形象和在消费者心中的美誉度，但毕竟这是一种“耗能”发声，需要付出一定代价，成本费用对品牌原点规模较小的企业来说吃不消。这时候企业集中力量选择在与目标消费群相关度大的某一媒体上发声，不仅令品牌传播高效，还能快速积聚品牌粉丝，提升品牌人气。

有不少成功品牌，它们只通过电话、直邮、电视购物频道等单一的渠道发声，也能在市场上立足，打开销路。我们曾经熟悉的电视广告平台“橡果国际”，以电视购物频道为发声根据地，其提供的品牌产品早已家喻户晓：好记星——中国英语学习电子产品行业著名品牌，市场份额遥遥领先，在用户中极具知名度与美誉度；背背佳——中国矫姿行业著名品牌，1997年第一代背背佳上市至今将近20年，占据着中国矫姿行业的重要地位。

可见品牌“单声波”发声也并不逊色，当声道唯一时往往能量巨大。

尤其是如今处在互联网时代里，企业通过社会化新媒体发声，能够为消费者创造圈子里的归属感，同样可以掀起一股能量巨大的品牌声浪。

3.1　微博

近年来中国的社交网络发展迅速，新浪微博在2009年面世后影响力一发不可收，网罗了一大批中国网民。无论是名人、草根还是官方机构，都在微博有自己的话语权。新浪微博的出现给了企业一个“物美价廉”的品牌发声媒体，有助于建立企业和目标消费群之间的圈子关系。

◎ 江小白：网聚社群心声

江小白，一个为微博而打造的新生代酒品牌，无论是产品本身、传播物料，还是其他跟品牌相关的东西都打上了微博的印记。江小白很年轻，这家2012年8月注册的公司，跟那些几十年历史的老酒企一比，好像太嫩了些。正是这家青葱公司，在2013年下半年实现盈利，2013年全年达到综合收支平衡，销售额为5000万元。从成立公司到在业内打响名声，“江小白”这个品牌仅用了一年的时间。

传统酒行业运作的思路都是加大投入广告传播费用，整合各种媒体能量，全线发声。当江小白品牌入市的时候，他们清楚自己的现状，将微博作为品牌发声体。为了更好地拉近与目标消费群的距离，江小白创造了一个卡通人物的形象——一个热爱生活的文青代表人物。根据这个群体的思想特征，江小白提出了“我是江小白，生活很简单”的品牌理念，先让受众建立认同感和归属感。

然后，江小白通过一系列的微博发声与用户产生良好的互动，保持着品牌黏性。江小白的微博发声显示出几个鲜明的特点。

首先，他们很擅长文案的植入，将有意思的话题与江小白的产品联系在一起。譬如，利用在微博上流传甚广的《来自星星的你》里都教授与张律师PK植物大战僵尸的PS图，植入江小白语录：“两双筷子两瓶酒，两两相对好朋友。”

其次，对应自己的品牌形象，将微博的运营完全拟人化。在所有的热点事件发生时发声，表明自己的态度。从钓鱼岛争端期间抵制日货，到昆明恐怖主义袭击过后提醒大家远离恐怖分子等，几乎在每一个热点事件发生时，都能看到江小白的表态。

最后，利用微博互动作为线上工具，组织线下活动，并与线上形成互动，以活跃粉丝参与的积极性。比如自2012年开始，江小白每年会举办一场同城约酒大会，通过微博发起活动，吸引上千名消费者到场狂欢，以此表达“拒绝都市孤独症”的诉求。

无论是文案植入，话题事件营销，还是利用微博互动作为线上工具，组织线下活动，江小白都做得有板有眼。它真正做到把品牌渗入消费者的日常生活中，消费者自然乐意接受这样一个真实坦诚的角色。

3.2 众筹

“众筹”一词，在互联网时代或许大家并不陌生。众筹是利用互联网向网友募集基金的一种融资方式，在国外，Kickstarter 这样专为具有创意方案的企业筹资的众筹平台早于 2009 年就创办成立。据统计，在 2014 年，Kickstarter 上成功的众筹项目已超过 2000 万个，募集的金额也超过 5 亿元。然而，众筹在互联网时代不单单作为一种融资方式，更是企业品牌宣传的发声能量。企业品牌通过众筹来累计前期的粉丝群体，这些粉丝便成为企业品牌传播的发声体，通过这些粉丝的层层发声推广以达到企业品牌的宣传。

◎《大圣归来》：2015 年最火的猴子

《西游记之大圣归来》于 2015 年 7 月 10 日在全国上映，从一开始院线的排片不足到后来网络名人纷纷发声支持，各路粉丝蜂拥而至。这样一次看似自发性的“病毒营销”，其实背后暗藏玄机。2014 年 11 月，电影出品人路伟在自己的微信朋友圈中发起《大圣归来》影片募集宣发经费的众筹，这一次众筹最终有 89 名投资者参与共募集 780 万元。这 89 名投资者则成为了《大圣归来》的第一批粉丝。在电影上映期间，这 89 名众筹人直接产生了两三百场的包场。不仅如此，这批众筹人通过口口相传，让品牌“单声波”汇聚成了品牌的声浪撼动着电影界。最后院线在粉丝的强烈要求下加大了排片量，最终令《大圣归来》斩获了 9.56 亿元的票房。而电影在落幕后，更是在影迷对电影的一片赞誉声中趁热推出了众筹电影周边项目，发动电影粉丝参与投资。在项目开展的首日就突破一千万元创下历史纪录，可以说《大圣归来》这只“泼猴”真真正正地大闹了一回电影圈。

《大圣归来》出品人路伟

但是《大圣归来》并非国内影视众筹的先例，早在2014年年底《十万个冷笑话》就曾经发起众筹筹得募资150万元。当下类似的影视众筹更是层出不穷，国内的聚米金融就是专注于影视文化产业的一个众筹平台，它于2015年4月发起平台首个众筹项目《栀子花开》的电影宣发费用的募资。配合电影拍摄期间，导演何炅更在微博上发起“众筹主角名字”的活动，这样大胆而有意思的众筹项目，一下子就俘获了大批粉丝，达到了电影众筹所需要的品牌单声波宣传效果。而聚米金融在成立后短短几个月便累计与各方合作项目达九个，由此可见，对于影视行业来说，众筹与传统影视的融资不同，影视行业更多的是想通过众筹来实现从无到有，从零到一的前期粉丝积累的过程，可以说这是在互联网时代发出品牌“单声波”的一个案例。

◎ 众筹风云起，声音再汇聚

《风云再汇》节目的前身是《风云际汇》节目，是一档财经清谈节目，创建于2004年，开中国大陆财经清谈节目的先河。2013年年底，节目转移至珠江经济台播出，节目名称改为《风云再汇》。风云系列节目把枯燥的金融数字和专业性很强的事件以轻松的清谈方式呈现出来，独创“娱乐性谈论金融投资市场”的节目风格，早就俘获了一批资深的听众粉丝，尤其在粤语方言区，上至企业老板、高管精英，下至散户白领，甚至大中学生，都踊跃追捧。但是即便是如此成功的一档电台节目，在互联网时代，也要开始思考革新，不能沉浸在过去的成功中不思进取。那么《风云再汇》是如何在互联网时代进行品牌发声的呢？

《风云再汇》的制作团队联合众筹网团队敲定，2015 年 2 月 15 日《风云再汇》节目众筹项目正式上线，用了短短 13 天就成功募集了一年 88 万元的节目制作费用，成为众筹网开办以来众筹金额排名第三的项目，并创造了该网最短筹集周期的纪录。

《风云再汇》主持人黎婉仪曾说过“什么声音最有价值？听众说了算!”，节目组也坚信：一个有听众愿意为其付费的节目肯定是一个好节目。所以才选择通过众筹来进行品牌发声，这样不仅可以直观得来量化广播节目的市场价值，同时检验听众对于节目的黏着情况，证明即便是电台节目也能掀起品牌声浪。

《风云再汇》节目支持人：张景峰、黎婉仪（右）

《风云再汇》还意识到新一代广播节目应该本着“用户至上”的精神进行品牌声浪的缔造——在原有节目内容的基础上提高节目的制作水准，添加新内容，使节目更具有服务性，并且通过线上众筹结合线下活动，通过“风云再汇开心 show（听众联谊会）”“风云微论群互动”“风云午餐分享会”等方式，为听众带来有价值的财经前沿资讯、提供深度交流投资心得的平台，打造属于风云节目的“财经社交”。

《风云再汇》组织众筹人与节目主持人线下互动

《风云再汇》通过众筹的方式不仅能吸引感兴趣的广告商进行投资合作，更是让喜欢节目的听众也过了一把当投资人的瘾，为电台节目盈利开创一种模式。通过众筹，《风云再汇》可以更准确地锁定自己听众的喜爱偏好和需求，这样将降低节目的试错成本，最大化实现内容生产的价值。相信这样的众筹思路，将颠覆传统广播业带来一种新的品牌发声方式。

而《风云再汇》作为中国广播史上第一档众筹广播节目，其成功的因素离不开背后团队在互联网时代下对于自己品牌发声的一种新的思考。最终选择众筹这样品牌发声方式，也是基于众筹是一种有效的集资手段和宣传手段，《风云再汇》的成功也验证了这一说法。

而在国外，在一些众筹平台上，众筹的内容与形式更是多种多样，许多人通过众筹来寻找共同爱好者，类似于众筹音乐会，众筹专门为酒鬼设计的连帽衫，更组织策划众筹上月球等等。这样一些新奇有趣的众筹吸引一大批消费群体参与进来。所以说，众筹之于互联网并不是一种新兴投融资渠道，而更是一些品牌的“单声波”发声方式。企业能够好好利用众筹这一途径，则能在群山中让品牌声波层层传播出去形成品牌声浪。

3.3 微商

自从微信 5.0 推出后，“微商”这个词便火热起来。微商，是企业或者个人基于社会化媒体开店的新型电商模式。近年来，微商的发展势头迅猛，各种代购、销售护肤产品在我们的朋友圈中层出不穷。一时之间，微商这股旋风刮到了中国微信 5 亿用户的手机上，这无疑说明了微信朋友圈这一平台蕴含着极大的发声能量。

◎ 思埠面膜：疯狂的进击

说起微商，不得不提面膜销售。有资料显示，在 2014 年年初，微信朋友圈里售卖的产品还算多元化，有海外代购的、卖服饰的、卖奶粉的等等。但是到了 2014 年年中，80% 的微商都转而销售面膜，卖面膜的信息竟然占到整个微信朋友圈的三分之一。众多新创面膜品牌在这段“黄金岁月”

里依靠微商渠道爆发出惊人的销售力，年销售过亿元的品牌比比皆是，像俏十岁、韩束、膜法传奇、思埠等等都在短时间里迅速崛起。那么，这些商业“神话”是怎样酿造出来的？来看看思埠在2014年疯狂的“进击”之路。

思埠集团，成立于2014年3月，在短短一年的时间里通过直接控股某家上市公司，发展成为一家准上市的大型企业。为什么思埠能一朝鱼跃龙门？这离不开它在微信朋友圈这一平台上的深耕细作。

思埠在微商上推广产品的核心点是找代理，做分销。它在品牌初建的时候就牢牢抓住了一些核心代理商——拥有创业梦的草根群体，通过设立一些振奋人心的奋斗目标以及丰厚的利润空间来让这一群体成为企业忠实的创业跟随者。然后再利用他们的口碑影响力去提升产品用户体验，制造二次发声传播，吸引更多的创业发烧友。这样一传十，十传百，思埠的代理风潮逐渐蔓延至全国。

除此以外，思埠本身也在一直提升自己的品牌附加值，不断对外输出雄厚的公司实力。思埠在2014年一口气签下四位明星代言人，其旗下品牌广告也陆续登陆央视、芒果台等一线媒体。而在2015年，思埠于北京人民大会堂举行年度经销商大会，由撒贝宁担任大会主持人。这些举措是一股能量巨大的发声浪潮，不仅为代理商们提供一个强大的后台保障，让他们吃下定心丸，铁了心要跟企业共拼搏，同时还赢得购买者的消费信任，促成微信朋友圈的商品交易。

思埠迅速起家的案例验证了如今正值微商的黄金时代。的确，近两年微商的数量呈井喷式增长，但是高速增长的背后潜在的问题也十分突出，信任危机、压仓囤货、产品品质、售后服务等等问题都浮上了台面。很多人一提起微商，心头会不禁涌现出各种暴力刷屏、广告泛滥的不良体验。因此，辉煌一时的微商也谋求转型，开始布局线下的实体终端渠道，或者通过扫码送试用装的方式尝试厂家直销。

3.4 微信公众号

现在有上述影响长远的现实问题摆在眼前，微商未来会怎么发展？微商这一“单声波”还有发声能量吗？答案是有的。微信是一款主打社交的软件，人与人之间的关系是它最核心的东西。通过关系获得信任，通过信任卖出商品是微商发展的关键所在。如何获得他人信任？我们可以走基于社交的个性化、定制化服务路线，从单纯地售卖商品转型为某种服务的提供商，在微信公众号上通过口碑传播和精准营销，找到潜在的消费群，致力于打造“小而美”的圈子产品。

◎ 茶人王心：茗生此家，玉泉不歇

茶人王心，顾名思义他是一位茶人，从 2010 年开始他就在新浪微博和微信订阅号上坚持更新寻茶记事，还有泡茶、品茶心得。在王心看来，喝茶主要是“为慢生活提供一种道具”，他也有意把这种慢生活方式推广引导到更多人身上。于是，王心在 2013 年年初正式在微信服务号平台上创建了自己的茶品牌“心·计划”，通过自己寻茶制茶，向用户提供应时应季的茶叶定制服务，省去用户找茶、选茶、存茶的烦恼。除此之外，针对配送的茶，茶人王心会在微信上与用户一起交流品鉴，在线下会邀请用户参

加各种品茶活动，例如各地的“心·部落”和茶山行等。

现在，“茶人王心”公众号已有十几万订阅量，是该领域的翘楚。“你消费的不是茶，你消费的是我。”王心提到他的微商品牌核心时，如此总结。他还说：“我追求‘小而美’，千万别做大。你累，你身边的人也累。”

3.5 海外新媒体

新媒体的兴起是一个全球化的现象。在国外有没有一些企业同样擅长品牌发声“单声波”？下面我们来看一个酸奶品牌如何在5年时间里，依靠新媒体发声几乎打下了美国酸奶市场的半壁江山。

◎ Chobani：taste life，taste real

Chobani 诞生在2005年，是由一名土耳其人 Ulukaya 在美国创立的希腊酸奶品牌。2005年 Chobani 仅占美国酸奶市场的1%，5年后，Chobani 酸奶占到了美国酸奶市场的36%，年营业额超过10亿美元，甚至还将触角伸到了加拿大、澳大利亚。Chobani 品牌的成长速度犹如火箭般快，其中社交媒体的作用可谓功不可没。Chobani 在 Facebook、Twitter、Pinterest 上全面开花，在食品业中独树一帜。现在来看一下这个酸奶小品牌是怎样成功掀起具有社交大影响的“单声波”的。

Chobani 的品牌创始人 Ulukaya 在用贷款买下一个倒闭的酸奶厂后，已经没有余钱再进行传统的广告推广了。但产品试吃和口碑相传对一个新生食品品牌来说不容忽视。于是 Ulukaya 选择了在社交媒体上集中火力发声，用一种热情而又有规划的方式构造了独有的社交品牌形象。那 Ulukaya 的“单声波”发声秘诀是什么？原来 Chobani 并不简单地将自己定位为一种酸奶或者正餐之余的补充，而是将自己定位为一种健康的生活方式。因此，Chobani 在社交网络上化身为一个倡导健康生活方式的意见领袖，它是一个活生生的人，与那些同样热爱生活、关注健康的人在网络上分享自己的健康生活，与消费者成为朋友。

这就是 Chobani 最令人称道的社交媒体表现，它将自己的产品和相应的生活方式紧密结合在一起，并在各个平台上进行实践。以下我们从不同平台的角度，解析 Chobani 独特的发声之道。

（1）Facebook

在 Facebook 上，Chobani 发布包含产品推广、公司文化、顾客疑问及包含 Chobani 产品的食谱等一系列内容。有趣的是，它在 Facebook 设置了“试喝”的按钮，只须用户在试喝之后分享他们第一次品尝 Chobani 酸奶的图文体验报告即可。因为 Chobani 知道就算再好的产品如果消费者缺少尝试的机会也是白搭。一些没试喝过的消费者会被这种图文并茂的产品体验报告吸引过来，这样 Chobani 的产品体验者数量就像滚雪球那样越滚越庞大。

（2）Twitter

在 Twitter 上，Chobani 的内容则以各种幽默激励人的名人语录、菜单、健康小贴士为主。考虑到 Twitter 使用者大部分时间都是使用手机上网，Chobani 为 Twitter 量身打造内容，确保信息简短，口吻卖萌可讨好用户。而且利用 Twitter 沟通的即时性，Chobani 能迅速锁定那些@到 Chobani 的用户，根据他们发布的内容做出回应。曾有一名用户写了一条推文称不喜欢 Chobani 牌的希腊酸奶。这条信息很快被 Chobani 捉到，并在下面回复表示 Chobani 总有一种口味会适合她，让客服给她安排试吃样品。结果这名用户被 Chobani 快速到位的真诚服务体验征服了，成了它的忠实消费者。

（3）Pinterest

在 Pinterest 上，Chobani 创建了一个包罗万象的分享页面，利用整整 25 个板块为不同类型的人准备不同的内容。Chobani 通过关注活跃在不同板块的用户，更有针对性地了解目标消费者的兴趣，再从他们的兴趣出发，投其所好设置相应内容，从而拉近彼此的距离，创造出含金量相当高的粉丝经济。

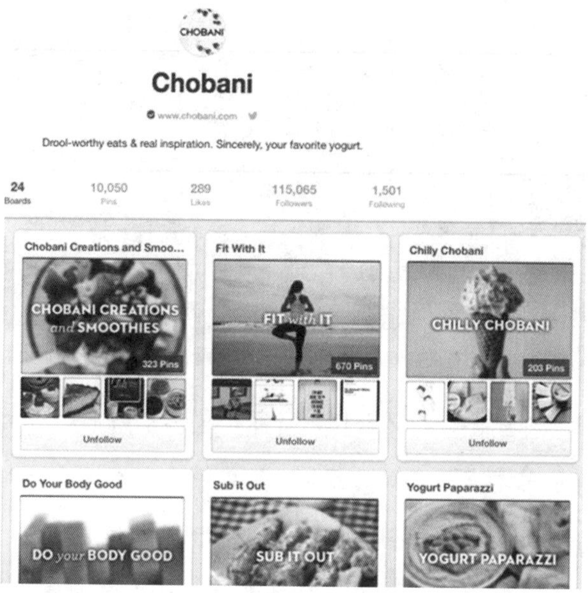

由此看来，Chobani 算是酸奶界中“屌丝”成功逆袭的品牌，没有背景没有钱，只能一门心思钻研成本不高的社交媒体，用真诚的态度和高质量的内容成功获得消费者关注。分享是社交媒体传播的核心，分享使声浪传播范围更大。Chobani 通过试吃体验、及时服务和话题设置等手段引导用户在社交圈中自主传播 Chobani 的品牌声音，同时也让用户在分享传播的过程中找到归属感，推动着品牌“单声波”越传越远。

3.6　淘品牌

除了在社交化新媒体上做品牌“单声波”传播，企业也可以在电商平台上创设品牌圈子基地。尤其是近几年来越来越火的“双十一”购物节，更是将这个平台的发声价值推向高峰。

◎ 茵曼：“茵”人制宜，“蔓”引株求

2013 年 11 月 11 日，中国人强大的购买力在这一天得到尽情释放，茵

曼在这场火拼中加速爆发，以单日销售额1.2亿元的业绩居女装排行榜第一位。以“棉麻艺术家”定位的茵曼，可以说是个不折不扣的“淘品牌”。它因电子商务而生，也因电子商务而红。2008年正式上线后，凭借文艺清新的风格，茵曼迅速俘虏了众多女性消费者，从众多淘品牌中脱颖而出。现在我们回顾一下茵曼这些年来是如何在电商平台上做品牌“单声波”传播的。

茵曼电商旗舰店从上线起就一直保持着文艺味道浓厚的整体风格，通过清新文雅的图片和文案营造出一种恬静、随性、自由的氛围，让人有脱离都市喧哗，走向乡间田园的生活体验。这很大程度上迎合了茵曼目标消费群体的口味。

而且，茵曼在旗舰店上搭建了一个名为“艺术邦”的社区圈子，不定期发布不同主题的线上活动吸引顾客，使她们彼此充分交流，乐于成为茵曼粉丝圈的一分子。茵曼曾在光棍节前夕发起单身美女大赛海选“80后最爱女人”，不到一周时间，超过11万人参与话题讨论，覆盖网友达230多万。

为了加深品牌粉丝圈的归属感，茵曼在2011年发布“麻花辫”专属模特造型，发尾连上球形头饰更显个性。这个独具一格的造型，茵曼沿用至今，已然成为一个强势品牌符号，是品牌传播的一个重要发声体。2012

年，茵曼独立开发设计出专属表情、字体等品牌标志，也受到粉丝们的热烈追捧。

除了创造品牌专属符号，茵曼利用电商平台的客户关系管理系统时刻关注粉丝的生活细节需求，进一步巩固圈子里的归属感。例如要是一名粉丝频繁购买育儿、怀孕书籍，可以推断出她是一个准妈妈，茵曼会针对性地为她推送宽松舒适柔滑的产品；要是一名粉丝经常使用聚划算，茵曼会给她推送200元以下的产品优惠内容。这样无形中在茵曼与粉丝之间搭建了一条关怀常在的桥梁，让粉丝感到备受重视，达到稳固品牌关系的良好效果。

茵曼，在短短几年里享誉互联网，是中国成长最快、最具代表性的电商服装品牌。它的成功并不偶然，纵观茵曼在电商平台上全心全意做品牌“单声波”传播的历程，我们不难发现这是一个不断维系粉丝圈的过程，它用各种创意手段稳稳抓住了互联网时代新女性的心。

结语

网络这种时下最流行的传播工具的出现，极大地改变了人们的营销传播活动。它不仅突破了时间与空间的限制，还颠覆了经典的传播理论，使声浪传播学成为时尚。随着网络发展而产生微博、微信、电商等新兴事物，更是成为新一代的品牌声浪传播平台，让越来越多的企业有机会做出效益高影响大的品牌“单声波”。这种传播建立在沟通互动的基础上，也使消费者更容易接收信息，达成共鸣。

THREE 第三章 回声区

品牌就是个有个性的人，除了生理特征，更要有精神特征；声音是可以听见的，声浪却是无形的，用无形包装有形成为占据人心的重要手段。

声浪传播学 | 回声区

● “小风波”是企业打响品牌知名度的第一炮，接着企业通过借力或者创意掀起“能量波”，进一步扩大了品牌知名度，同时也优化了用户体验，培养出品牌好感度。等企业发展到一定阶段，品牌原点和品牌发声都有所建树后，是时候要思考该如何加深品牌好感度和提高用户黏性与忠诚度了。由此，企业需要进入下一波品牌运动，用更悦耳的声音去深度征服更广泛的消费者群体。这一波品牌运动被称为“回声区”，是能让消费者产生的共鸣的催化剂。

● 在回声区，我们将更为深刻地洞察消费者，从消费者的心声出发，因为消费者本身也是一个优秀的发声体，他们会对营销活动产生反应并在各自的圈子中传播开来，具备良好的发声功能和声浪效应，我们将这种效应称为消费者共鸣。由于企业的发声方式不同，消费者产生共鸣也不尽相同，所以我们将回声区划分成“创意波”“情感波”“文化波”三个部分。

1 创意波

在前文提到品牌发声“能量波”能够让品牌更容易闯进消费者的视野，实现扩大品牌知名度的效果。如果企业想提高用户黏度，进一步“笼络”人心，则要改变“能量波”这种我说你听，我秀你看的单向沟通方式，以一种人格化的亲近姿态与消费者沟通互动，让消费者因受触动而引起共鸣，从认知了解品牌到认可信赖品牌。

然而在当下资讯发达、信息爆炸的时代，品牌发声让消费者产生共鸣不是一件简单的事情。企业必须要在令人眼花缭乱的广告运动中迅速获取人们的注意力，方可再谈共鸣，所以把提升创意张力放在首位是很有必要的。创意是打开消费者内心世界最直接的一把钥匙，不仅能吸引眼球，还能让受众感受到心灵上的愉悦。

根据传播媒介的不同，我们将从以下几方面阐述“创意波”如何与消费者共鸣。

1.1 视频火了

随着用户被越来越多的屏幕包围，视频正在迎来新的价值爆发点。在这个多屏世界，企业如果能适时创造和策划出一些视频广告，通过创意包装设计来引起受众共鸣，会获得几何数量级增长的关注度与分享频次，形成病毒式的传播。

◎ VOLVO 重卡：跟你玩命

沃尔沃卡车在2012年8月开始推出首支“玩命”系列视频广告，影

片中的高空索道行走特技人在两辆沃尔沃重卡之间搭起的高空索道上行走，展示了沃尔沃重型卡车的稳定性能。这支广告一经推出便大获成功，受众感受到前所未有的视觉冲击，情不自禁地为这一壮举拍手称奇。

接下来的一年时间里，沃尔沃卡车继续创作更大胆的创意视频，接连发布了五支系列视频广告。这其中有各种惊险桥段，如仅让仓鼠来操控方向盘通过一段危险的山路，直接让沃尔沃重型卡车从工程师的脑袋上开过去，甚至还有沃尔沃集团总裁克拉斯·尼尔森的参与。他在没有安全保护的情况下，站在吊至20米高空上的沃尔沃卡车前面板上，仅借助自带的拖钩固定卡车和吊绳就能将15吨的卡车吊升在半空，以此来表现沃尔沃卡车的坚固性。直至2013年10月，沃尔沃卡车推出最后一支由好莱坞动作巨星尚格·云顿试验的“史诗大片”——在两辆行驶中的卡车之间大秀一字马，彻底将受众的兴奋情绪点燃。这支视频采用一镜到底的创意拍摄手法，加上旁白、配乐和背景的衬托，为原本拼心跳的“玩命”带来一丝超凡脱俗的感觉，真正从视觉和心灵上都征服了受众。

传统的汽车视频广告都会用文案、数字或者车辆的局部特写，将各自的性能特点和运用的某种新技术展现出来。但往往这些说教式的表达又过于理性专业，让受众摸不着头脑。而沃尔沃则通过这样感性的诠释，去表现沃尔沃卡车的精准与稳定性能，无疑是一种极其创新的大胆做法。而且在这持续一年时间的品牌声浪传播运动中，6 支视频单单在 YouTube 上就产生了超过 1 亿的点击量，可见创意能带来多大的传播能量。

沃尔沃卡车的“玩命”系列视频广告看似是冒险，但所有的冒险都证明了他们并不是冒险。这些媲美好莱坞大片的纪录片式视频广告让受众感性地了解到沃尔沃重卡的真实行驶情况，自然能成功地让其产生品牌共鸣，百分百信服沃尔沃卡车的强劲性能。

沃尔沃引起创意共鸣的广告运动是经过长期精心策划而成的，并且非常烧钱。但在开放自由平等的互联网世界里，就算没有这样雄厚的资本运作实力，只要有足够诚意的创意也能收到不俗的传播效果。

◎ Wren Studio 服装：吻下来，豁出去

初吻总令人心跳加速，但与素未谋面的人一见面就热吻，将会是什么感觉？美国服装品牌 Wren Studio 在 2014 年 3 月拍摄视频广告，导演找到 20 位对彼此陌生的男女，要求大家真诚投入地拥吻，这对每个人来说都是前所未有的挑战。这样创意大胆的举动，只要简单想象一下就觉得画面感十足，引人注目。广告拍摄并没有设定剧情，真实记录了参与者从初相识到彼此拥吻的心路历程。这些镜头一气呵成，毫无做作，从一开始的羞

赧、犹豫到最终的自然甚至有些忘情，这些细微的转变尽在受众的眼中，让人看后获得一种发自内心的幸福感，不由自主地随之微笑。

作为一支商业广告，自然要有产品的展示。但 Wren Studio 只是让参与者穿上品牌最新发布的服装，没有文案的提示，也没有 LOGO 的出现，为的是不影响广告的整体美感。

Wren Studio 为了保证广告的艺术价值而做了如此大的“牺牲”。事实证明，这个做法是正确的，因为仅仅两天过后这则不含商业意味的广告视频在 YouTube 已获得近两千万点击量。而且，Wren Studio 并没有花多大力气在宣传投放方面，只是直接将广告视频发布在 YouTube 上，并起名“First Kiss”。正是这抢眼的标题和劲爆的内容，成功化解了受众对广告的抗拒心理，让其主动获得他们的共鸣。

Wren Studio 将品牌视频广告做得如此不露痕迹，很“走心”地呈现出一段暖意融融的画面，受众自然也能感受到它的诚意。而且 Wren Studio 借着互联网的“东风”将这段画面吹向了大洋彼岸，在中国引起广泛反响，获赞大胆前卫，创意十足。

1.2 图文亮了

一段富有创意感的视频能让人大开眼界，同样，几张有趣的图文也能让人眼前一亮。图片本身就有很强的视觉冲击力，再搭配几句创意文案，能够在最短时间内使人们接受图片传播的信息，极大地减少了阅读的时间成本，从而受到人们的青睐。所以说，这是一个读图时代，人们更愿意接受经过图文排版的信息。

以往依靠纸质媒体作为媒介的时期，图文传播不及时以至冲击力无法很好地显现出来。而如今图文的制作技术和传播工具的革新，可以使受众在短时间内接收到高质量的图文信息。在传统的纸质媒体上，互动性是一个被忽略的话题。而在网络媒体不断发展的今天，图文不是单纯地被观赏，更多地被用来互动和交流。随意地评价和分享，简单地点赞或转发，“你来我往”的互动性为图文传播带来了新的意义。

◎ NIKE 官微：“伟大”的奥运宣传战

有人曾经对“伟大”这个词下过这样一番定义：“民众喜爱为人格的伟大和事业的伟大所笼络。但有史以来便不曾热衷于直面伟大”。确实，“伟大”一旦脱离了真实的人和事，就很难引起共鸣。NIKE 在 2012 年的伦敦奥运上就做了一件足够支撑“伟大”的事，用一张张震撼人心的图文广告营造出一股史无前例的“伟大”创意波，一时风光无限。

那么，本身并不是奥运赞助商的 NIKE 是怎样用图文去打一场“伟大”的奥运品牌传播擦边球的？又是怎样用创意赋予图片去使受众产生共鸣的？

7 月 28 日晚，备受关注的李娜在女网单打首轮便爆冷出局，随后 NIKE 便立即在官微上发布了一张隐喻李娜惜别伦敦奥运的图文，更新速度甚至超过了门户网站的发文速度。而后在 7 月 29 日凌晨，年轻小将叶诗文以破世界纪录的成绩夺得女子 400 米混合泳比赛金牌，NIKE 又迅速发布一张图片并配上文案写道“伟大与经验无关”。在接下来奥运的 17 天赛程里，几乎在每一个备受关注的“中国时刻”都会出现NIKE品牌图文的身影。而8月7日刘翔的因伤谢幕让整个品牌图文传播战役达到了制高点——在刘翔摔倒的一分钟后所发出的图文微博被转发超过12万次。

这些“伟大”时刻虽然在这17天里深深地鼓舞了人心，但仍然属于所谓的“少数人的伟大”。于是，NIKE用这一句“伟大永不闭幕”开启了后奥运时代普通人的故事。奥运闭幕后的第二天，NIKE的官微上出现了一则以普通人的伟大为主题的运动故事，不同于奥运期间那些简洁画面搭配干练文案的创意形式，这一次的伟大是更具体的平凡故事和态度，也让NIKE眼里的“伟大”扎根于每个寻常受众。

伦敦奥运会上每一场有中国人参加的比赛结束后，NIKE总是以最迅捷的速度在微博上推出一张“伟大”的创意图文，让这一系列“活出你的伟大”品牌传播运动备受关注，以至于在每一个“中国时刻”发生时，很多人都在期待NIKE会去说些什么。而且，NIKE很有创意地将“伟大”拉下神坛，鼓励每个人都要活出自己的伟大。这些接地气的品牌图文，更能引起人们的强烈共鸣。

NIKE的这次创意图文传播运动贯穿在整个伦敦奥运会的前后，这离不开一个策划团队在背后的高效率运作。如果没有强大的策划支持，就不能有如此引人注目的品牌图文了吗？当然不是。正如上文所述的Wren Studio品牌视频广告那样，只要有足够诚意的创意支持同样也能畅游在这片网海中。

◎“励志鸡”：寻梦之旅

细嫩的大葱和鸡腿肉一起串成的日式葱香鸡肉串烧，在日本很常见。在日本一家烤鸡肉串店的海报上，创意视角非常独特，配合清新的图文版式设计，讲述了一只小鸡立志成为最好的香葱烤鸡肉串的寻梦之旅……

这组创意图文从海外传到中国后迅速红火起来，受众都很乐意将其转发分享到自己的社交媒体账号上。如果细看不难发现这组海报的设计并不高深，而且背后似乎也没有人操刀推广。但为什么它有如此大的魔力令受众着迷呢?

我们都知道，创意是旧有元素的重新排列和组合。这组海报仅仅是四张普通的照片加上四句文案。但神奇的是，当它们碰撞在一块的时候，却能发生强烈的化学反应，变成一个动人故事。正是有了这四句文案的点缀，才让照片里的主角鲜活起来。它不再只是一种家常食材，而是一只有使命感的“励志鸡”。这种被拟人化的温情形象，成功融化了消费者的心，让人看完感觉不吃上一串都对不起小鸡的长途跋涉。

在互联网快速发展和信息娱乐化备受追捧的今天，一张优质图文给人带来的不仅仅是审美体验，还有娱乐效应。图文以其生动形象的表现形式触碰受众的神经，博人会心一笑，能带来愉悦感。日本这家烤鸡肉串门店规模虽小，但创造性很大。它用十二分的诚意去创作出引人共鸣的图文，这股“创意波”发声带来的品牌效应不可估量。

1.3 活动爽了

品牌体验活动是品牌与消费者之间的互动过程，是通过令人耳目一新的品牌标志、鲜明的品牌个性、丰富的品牌联想、充满激情的品牌活动来引起顾客共鸣，体验到“快乐”“酷”“爽”的主观感受，从而与品牌建立起强有力的联系，达到高度的品牌忠诚。

品牌引起消费者的心理体验有很多种，我们从感官体验、心灵体验和价值体验三方面来看一下企业如何发挥创意来展开这些不一样的品牌体验活动。

◎ 和路雪：新鲜的感官体验

和路雪是英国著名的冰激凌企业，总部设在英国，在全球拥有多家分公司。2012 年在新品上市之时，趁着电影《世界末日》热映，活动策划组向进入伦敦某影院观看电影的观众免费发放新品冰激凌。大片即将开始时，全场灯光熄灭，乌漆墨黑一片的时候，忽然观众们惊奇地发现手中握着的雪糕竟在黑暗中发出荧光，一点一点散落在各角落的荧光发光源五颜六色，煞是好看。

原来和路雪邀请了一家专门做食品研究和设计的工作室，为它开发了一款荧光冰激凌。冰激凌中会发光的物质其实是核黄素，换一种更好理解的说法，即是维生素 B_2，它在特定的波长下泛出荧光。于是我们看到，搅和在冰激凌里的荧光剂连舌头都染成荧光色，但同时还能补充维生素。这款被命名为“黑暗中发光的和路雪”是不是让你瞬间为这个品牌的创意击节赞赏了呢？

和路雪为消费者创造出独特新鲜的个人感官体验，不仅为产品披上了一层神秘的科技外衣，丰富了品牌内涵，还成功俘虏了一批忠实粉丝。因为人生中每一个崭新的体验都会让人记忆尤深，消费者在多年后回想起“舌头变成荧光色”的那一刻，心动共鸣，必然会嘴角上扬。

◎ Nutrella 面包：愉悦的心灵体验

Nutrella 起源于 1950 年，也许国内消费者并不熟悉，但作为一个有着悠久历史的巴西面包烘焙品牌，在当地却有着极高的市场占有率。Nutrella 在 2014 年 6 月推出了名叫“微笑魔镜”的品牌体验活动，喊出口号：唤醒你的微笑。

活动的执行相当高效，Nutrella 在巴西的公园、商业区等地放置了一面会说话的特殊镜子，只要有女性经过，就会鼓励她、称赞她：“好美！你今天穿得真好看！不要遮住你的脸，露出微笑吧！”这么神奇的一面镜子实际上是在背面安装了一个发声音响并在镜面周围安装了隐形摄像头，而在高楼远观的播音工作人员则透过传送过来的即时影像对路人有针对性地赞美，声音也将直接传达给镜面前的女性，仿佛是白雪公主中那面会说话的镜子，当童话中的魔镜真的呈现在你面前时，还有哪位驻足的女性不欣喜若狂。通过这些互动，Nutrella 让许多女孩更有自信，唤起她们的微笑与笑声。

拥有多重社会角色身份的女性消费者，在生活与工作的双重压力下容易丢失笑容。而适时出现的 Nutrella 面包则直击她们的内心深处，为她们激发出自信的共鸣，给她们带来一次愉悦的心灵体验。

◎ 杜蕾斯：积极的价值体验

意大利是个充满浪漫情怀的国度，在这里，每对情侣都认为自己的“嘿咻”质量最高，每个城市都认为自己才是爱的天堂，那到底哪个城市才最爱嘿咻，最具爱意呢？由此，杜蕾斯策划了一个极具创意的品牌体验活动——发起意大利“年度‘嘿咻’大战”，评选最具爱意的城市。整个活动持续了 2 个多月，跨越 15 座大城市，“嘿咻”次数最多的城市将荣登“年度‘嘿咻’之城”的宝座。杜蕾斯通过活动把意大利各城市的集体荣誉感牵扯进来，可以说各大城市都无法忽视这个比赛，谁愿意承认自己“不行”呢？而且，杜蕾斯把每个城市杜蕾斯安全套、成人玩具等产品的销售量作为评选的标准，使得整个传播形成了活动带动销售的回路。

每个人都会有好胜心，尤其是男性。杜蕾斯举办这个赛事无疑是直戳男性的肾上腺，引起他们的好斗共鸣。不仅如此，杜蕾斯还把赛事的层次上升到关乎一个城市的荣辱成败，这让消费者在享受比赛乐趣之余还能实现个人价值争取集体荣誉。如此利用价值体验，杜蕾斯自然可以将这股“创意波”遍及整个意大利了。

1.4 “线上线下”动起来了

一般来讲，“线上线下”是指一种线下体验，线上购买的O2O商业模式，这是互联网电商发展的产物。受其影响，越来越多企业也顺势展开一场区别于上文所述的传统品牌活动，它能够让消费者的体验共鸣从线上延伸至线下，全方位感受到活动的乐趣。

◎ 可口可乐：可喝可玩

2013年夏天，可口可乐昵称瓶的影响可谓是席卷了整个大江南北。这场品牌活动的受众广泛，从一线城市到四五线城镇，从80后到90后，几乎无人不识“文艺青年”“小萝莉”“高富帅”“纯爷们”这些早已深入人心的网络热词。于是每个购买可乐的人都可能会去寻找专属于自己的昵称瓶，它让受众找到个人归属感，让他们拥有一次美妙的体验经历。

整个品牌活动是从明星黄晓明在微博上晒出印有“大咖黄晓明”的昵称可乐瓶开始的，紧接着林俊杰、黄健翔、王心凌等2000多位明星和意见领袖在微博和朋友圈晒自己的昵称瓶。各路明星和意见领袖原本就是网民围观的对象，他们的这种举动自然也就成为广大网民讨论的话题：“为什么他们会有这样的可乐瓶?”“哪里可以买到?”“是山寨的吗?”……对此，可口可乐官方始终保持沉默。直到网上讨论的声浪达到预期规模后，可口可乐在各大社交网站以官方名义每隔两小时陆续放出22款没有可口可乐LOGO的“昵称瓶”悬念海报。一天后，可口可乐在官方微博正式宣布推出“昵称瓶”包装，发布全新包装的新海报，悬念揭晓！经过一段时间的舆论预热，网民早已按捺不住想要拥有一款个性昵称瓶的欲望了。当新装上阵的可口可乐在终端开始铺货时，大批消费者前来抢购。

与此同时，可口可乐趁势在微博上推出私人定制昵称瓶的活动。活动开始后，第一批购买并收到昵称瓶的网友自发在微博进行分享，于是吸引更多的网友知晓并且参与到活动中来。在接下来的几天中，如同滚雪球一样，知道和参与的人越来越多，从产品上架到抢购一空的时间间隔也越来越短。而这种从“线上”微博定制瓶子到“线下”消费者收到定制瓶，继而透过消费者拍照分享又回到“线上”的O2O模式，让这个品牌活动迸发无限活力。

昵称瓶面世两个月后，可口可乐在华销量较上年同期增长20%，声势浩大的“快乐昵称瓶”品牌活动取得了实实在在的效益。其成功的根本在于充分挖掘了目标消费者的想法、感受，并将品牌理念与之建立联结，达成双方共鸣。这次“快乐昵称瓶”品牌活动既体现了可口可乐的品牌理念，又接地气地契合了当下消费者的内心世界，使消费者发自内心地参与分享与传播。

同样，在互联网时代里，只要有足够诚意和贴近人心的创意，即使没有像可口可乐那样的资本支持，也能展开一场“一石激起千层浪”的品牌活动。

◎ 西门子洗碗机：洗去你的阵痛

2014年8月20日，网友“摄影师苏小糖”在微博上抱怨“我不想洗碗”，然后将五花八门的食材拼凑成“我不想洗碗”的字样并进行创意摄影，把讨厌洗碗的心情变成碟子创作，引发网友纷纷共鸣转发。

而仅隔了一夜，8 月 21 日，西门子家电就迅速做出回应，不仅温柔地安慰“妹子别哭”，更大赞其创意，决定破例送她西门子洗碗机一台。这个看似一时兴起的决定，引发了更多网友集体“羡慕嫉妒恨”，加上微博大 V 合力转发，各种“我也不想洗碗，跪求再送一台”的声音沸腾了，把西门子家电推到热门话题的潮头浪尖。

于是豪气的西门子决定顺应民意推出送洗碗机福利。8 月 22 日，西门子家电官方微博做出承诺：只要在碟子上创作“我不想洗碗”表达心情，通过微博参与晒碟照，就有机会赢取西门子洗碗机，隔天送一台。

#我不想洗碗#活动在短短十多天就收到全国各地网友的碟子创作数千件，截至 9 月 4 日，已送出洗碗机 6 台，其间媒体总曝光量过亿次，微博转发过 10 万次，评论超过 5 万次，微信阅读量接近 8 万次。

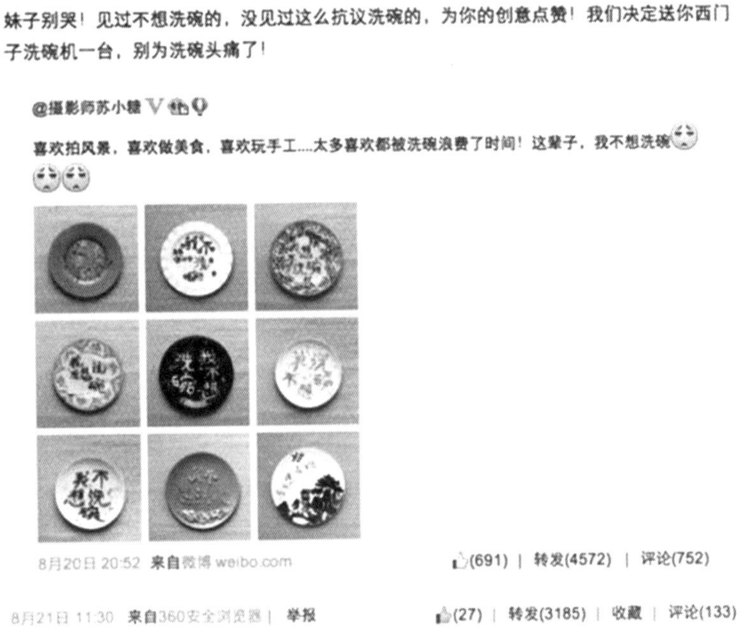

饭后洗碗是一项让人“累觉不爱”的家务劳动。调查显示，在年轻一代中不想洗碗的人群占到90% 以上，“我不想洗碗”一句话戳中他们的“痛点”。西门子“画碟子赢洗碗机”的互动方式门槛低，人人都能动手参与，而且隔天送出一台洗碗机的诱人福利，大大助长了网民的参与热情。

在洗碗机还没普及的中国市场，消费者教育是一项重要的工作。西门子洗碗机的品牌活动思路设计很有创意，它从找到消费者的“痛点”开始，激活每个人隐而不发的“我不想洗碗”共鸣，借助微博这个社交平台，成功促进了洗碗机市场的培育，进一步加强西门子洗碗机品牌领导者的地位。这场品牌活动运作成本不高，但诚意不低，在创意的策划下逐步汇成巨大的传播声浪，实在是一着“妙棋”!

1.5 APP 贴心了

2014 年中国智能手机的普及率已超 30%，即用户量超 4 亿。我们已经进入全民 APP 的时代，越来越多各式各样的 APP 开始融入我们生活的每一个角落。很多企业意识到抢占移动端的重要性。近年来，从社交、地图到支付、点餐再到理财，企业掀起的入口争夺战遍布用户日常生活的方方面面。尤其是 2014 年年初“快的打车”和“嘀嘀打车”两款移动 APP 启动的“烧钱”大战，更是将这场战役推向极致。

尽管企业清楚认识到移动互联网蕴含的巨大商机，纷纷投入到 APP 开发的行列中去，但是品牌 APP 要想成功地吸引用户使用不是一件简单的事情。企业开发品牌 APP 要从“为用户而生”的理念转为“为用户所爱”，即不仅要满足用户的某些需求，还需要让用户真切感受到 APP 设计的创意惊喜所在，享受这款 APP 的使用体验。

◎ 星巴克：早安每一天

很多人有赖床的习惯，为了鼓励人们按时起床，星巴克在 2012 年 10

月推出了 APP“EarlyBird”（早起鸟）。用户设定某个特定时间起床，只要按时起床并按下按钮，就可以获得一颗星，在一小时内走进星巴克的店铺，即可享受早餐食品半价优惠。因为独具创意，这款 APP 一经推出便受到了广大星巴克粉丝和手机用户的青睐，在社交媒体上更是被大力推荐和分享。

虽然这款 APP 只是一个很小的功能，但它的巧妙之处在于与用户的生活紧密结合，以帮助用户培养良好生活习惯为切入点，鼓励消费者坚持早起不赖床。而且这款 APP 还能让每个人醒来后，第一个想到的就是星巴克，无形中实现了品牌与用户之间的共鸣，进一步拉近彼此的距离。

◎ 无印良品：呵护你的睡眠

在2014年7月，无印良品也推出了一款与用户的生活密切相关的APP“MUJI to Sleep”，这是一款通过播放一些背景音效来帮助使用者入眠的应用。它提供了大海、鸟鸣、篝火、山涧、森林、瀑布6种场景供选，这些场景的音效都是来自日本各地的大自然真实的声音。录音时采用可录制环绕立体音的“仿真人头”麦克风，使用双声道录音，使用户产生身临其境的感觉。无印良品推出这款APP并不是突发奇想，此举是为了对助眠产品“舒适颈部靠枕”进行宣传推广。无印良品将APP和实物产品关联起来，在潜移默化中促进了产品的销售。

这款APP的应用界面是MUJI的一贯简约风。打开APP音效就会自动响起，左右划屏可以选择不同的音效场景，屏幕下方定时器是提供定时播放的，分30分钟、60分钟及90分钟三种。无印良品希望能通过这些音效，帮助用户在飞机或者车上、公司或者学校里这些嘈杂的环境中都能舒服地小憩一下。

这款APP一经推出便受到热烈追捧。因为无印良品的消费者洞察做得很好，整个APP的调性都与目标消费群体的个性相符。它极简的设计风格贴近品牌所倡导的简单自然的生活哲学，让用户在使用APP的同时，把记忆中有关无印良品商品、包装、广告、店面展示等各方面都联系起来，打造了它鲜明的品牌个性，强化了品牌形象。而且，无印良品通过为用户创造一种宜人的睡眠环境，营造出良好的品牌情感氛围，提升了用户对品牌的好感度。

结语

创意，在这个时代里沦为被过度渲染的事物。很多企业都在讲创意，很多品牌传播都在要求有创意。但真正能留在消费者心里，时而重温回味的创意又有多少？如果企业没有真诚地倾听消费者心声，只是给品牌传播加入一些看似天马行空实则天花乱坠的创意，甚至是以恶搞为荣，博取消费者一时乐呵，这不叫作创意，而是投机。

能彼此交流、影响，引起消费者共鸣的才是伟大的创意。企业用心去洞察消费者，用真诚的态度包容和接纳消费者身上的特质，然后在这铺垫下发挥创造力，让消费者参与其中，才能有出色的创意表现。

2 情感波

在物质越来越丰富的今天，消费者购买商品所看重的已经不再只是商品数量的多少、质量的好坏、价格的高低，而是为了获得一种情感上的满足，一种心理上的认同。企业如果从消费者的情感需求出发，诱导消费者心灵上与之共鸣，寓情感于品牌传播之中，则更能俘获消费者的芳心。

产品可以复制，渠道可以复制，促销可以复制……但情感却很难复制。“万宝路”的“牛仔”广告之经典之处就是“这里是万宝路的世界”诱导着无数的消费者。尽管一天吸一条“万宝路”香烟也成不了一个牛仔，但是它却可以从感觉上达到对世俗尘嚣的某种排遣和解脱，从而使人得到一种情感上的补偿。

相比很多企业的“王婆卖瓜，自卖自夸”，人情味十足的情感广告更能打动消费者。因为消费者能从这些广告中找到自己生活经历的影子，引发消费者在情感上的共鸣。那么，企业如何合理运用情感来做品牌传播的呢？

2.1 真诚的 TVC 广告

有数据统计，一般人一年会看数千条广告，也曾有人说过：“我们呼吸着的空气，是由氮气、氧气和广告组成。”传统的广告形式是通过无谓的重复和无聊的强调，强迫性地让观众记住自己的品牌，比如“恒源祥”和“脑白金”的广告。这类广告虽在短时间内为人们所熟知，但对企业品牌形象的塑造来说只是小利，“填鸭式”的僵硬的灌输式诉求广告往往会引起受众的逆反情绪。若能将商品置于特定的故事情境之中，使受众产生对品牌的信赖与亲近，引起某种情感共鸣，那比呆板的说教和直白的叫卖方式更能达到事半功倍的效果。

◎ 日威月饼：《慈孝于行》

日威月饼曾经在央视和卫视以及网络推出了一支TVC广告《慈孝于行》，深受好评。日威月饼也借此从一个区域品牌红遍大江南北，成为全国畅销的广式月饼。

“又起风了，妈妈要保重身体；又天黑了，妈妈可有人说话……走遍天涯海角，难忘家的味道……”TVC广告在动人又应景的歌声中拉开帷幕，只见妈妈一个人坐在院子里做着家务，入眼可见的是妈妈孤单的身影和花白的双鬓。当妈妈把儿子一家三口的照片拿出来，微笑地看着的时候，眼睛里透出来的思念表达了深深的母爱。而在大都市生活的儿子此时正望着圆月思念着父母。当儿子提着日威月饼回到老家，深情地叫着“爸妈”时，父母脸上欣喜的笑容，母子亲密的拥抱，让这个片子的感情浓度达到了极致，让观众动容，不禁想起自己的父母和家人们。在片尾孙女与奶奶的互动，更是让人的心融化在这血浓于水的亲情中。最后，旁白“走遍天涯海角，难忘家的味道”升华了亲情的主题，为产品附上了温情的含义。

广告片以“家”为主线，体现的是父慈子孝的中国传统“家”文化，弘扬的是中华民族的这种传统美德。在一个家庭里面有浓浓的亲情、爱情等等，用镜头勾勒出一幅子女孝顺，兄弟姐妹团结，相互关爱的和睦、幸福美满图景。

《慈孝于行》所讲述的是最普通的一种情感，却也是最动人的一种情感。这种情感蕴含在每一个人的身上，根植于每一个人的心里，日威以爱唤醒爱，以爱动人。以“家的味道”为品牌文化核心，以情感和文化为主线，以团圆、关爱、和谐为灵魂，注重与消费者的互动沟通，所表现的是一种情感沟通和自我价值的体现。在月饼市场同质化竞争中脱颖而出，从而打造出一个情感丰富、个性鲜明的品牌形象。

亲人之间的情感很容易引起广泛的共鸣，所以这一类TVC广告在屏幕上的出现频率一直居高不下，在互联网时代更需要这种以内容为核心的表现形式。但需要注意的是，这种情感输出不能用力过猛，不然就变成了煽情，甚至会引起观众的反感和抵制。

◎ 百合网：《因为爱，不等待》

2014 年春节期间，百合网投放了一则主题为“因为爱，不等待”的 TVC 广告。广告讲述了一个姑娘从上学到工作，每次去看望外婆都会被外婆问“结婚了吧?”直到外婆躺在病榻之上，依然挂念着外孙女的终身大事。于是女主角为了不给外婆留遗憾，上百合网相亲，终于穿上婚纱，挽着一个只有背影的新郎，到病床前给外婆一个交代。广告中出现的“今年，我一定要结婚，哪怕是为了外婆”“我不能再慢慢挑了”以及外婆“魔性”地重复“结婚了吧”，在广告播出后遭到广大网友炮轰，有网友甚至在新浪微博发起了“万人抵制百合网”的主题活动，得到不少人的响应。

百合网和国内许多婚恋网站一样，借力中国相亲文化发展起来，其品牌自身强调以“帮助亿万中国人拥有幸福的婚姻和家庭”为己任，为中国单身男女提供专业的婚恋咨询、婚恋指导和婚恋匹配。但百合网这条广告一打出来，颇有些喧宾夺主的意味，淡化了品牌的真正内涵。看似非常温馨，实际上放大了长辈施加的压力，模糊了相亲在现代社会存在的意义，宣扬结婚才是女性人生价值所在（高于学业和事业），这种陈旧落后的婚姻观令大众哗然。

该广告遭到许多非议的同时，也有人指出，其中所反映的内容便是社会现实，只是拍摄手法夸张，将情感渲染得过于猛烈。一方面，该广告的确反映了当今父母长辈望子成婚的期盼，另一方面，也在传递着“女人总要回归家庭”“学历高，工作好都不如嫁得好”“不结婚是种错”这种危险的道德观念，也难怪年轻网友纷纷表示从广告中感受到很大压力，不愿意面对父母长辈的逼婚，反而对婚姻更加恐惧。百合网的广告本想表达出亲人之间的真挚情感诉求，却吓跑了潜在用户。

相亲在中国是一个很容易引起讨论的话题，百合网剑走偏锋，把话题带入了一个饱受争议的角度，因此错失了一次品牌建设的良机。原本是想烹饪一碗香甜的温情鸡汤，在春节这一合家欢乐的时机引起单身男女对婚姻的期待、对家庭的渴望，但是错用道德绑架，用力过猛，“鸡汤”变了味反而引人不适。可见打情感这张牌时要谨慎，消费者对悦耳的声音会产生好感从而主动产生共鸣和传播，而对刺耳不入流的“噪声”，消费者会捂住耳朵，拒绝共鸣。

2.2　动人的微电影

微电影的出现为企业带来一个很好的传播工具，通过制作投放微电影广告让消费者沉浸在生动精彩的画面和引人入胜的情节中，赢得他们的心理认同，引起情感共鸣。这种广告模式是应受众心理而生的，它颠覆了传统的广告形式，使商品成为富有生命力的角色，增加了情感上的互动，让受众在故事情境中与品牌产生一种情感连接。

但是，要想拍摄一部能抓住眼球且回味无穷的微电影不是一件容易的事情。首先得会讲故事，用无限的创意去构思设置一系列引人入胜的故事情节。

◎ 佳能：《Leave me》

《Leave me（留下我）》是一部佳能相机的经典微电影作品。故事讲述一位深情的主人公沉浸在丧妻的悲痛之中，因父亲的操作被意外地摄入相机内，返回到相片的时空里。当他发现这一情况后开始在相机的内存里狂奔，直呼让父亲向前以便翻阅寻找妻子的踪影。措手不及的父亲握着即将没电的相机，慌乱地找到了儿子与儿媳相聚湖边的照片。现实残酷地夺走了主人公的最爱，但在这定格的时空里，他却可以在另一个时空和爱人在一起，于是主人公在手心里写下醒目的“Leave me”并举向镜头。年迈的父亲叹出一口气后，让儿子陪着挚爱，永远留在相机定格的世界里。

这部短短五分钟的微电影广告作品，以佳能相机为媒介，完美地将爱情、亲情等感人肺腑的情感融入影片的故事当中。虽然情节设置得有些天马行空，但并不影响受众的观感体验，反而会赞赏作品别具匠心的创意。

这部微电影广告片不但让产品平添亮色，焕发生命力，而且让受众在感动共鸣之余记住了佳能的品牌，无形中在心中树立起对佳能的忠诚和热爱。

要想讲好一个故事，不仅可以用创意去原创，我们还能从一些真实的新闻事件中得到灵感而再改编创作。

◎ 金士顿：《记忆月台》

2013 年网络上出现了一部引起热烈回响的微电影，这是来自金士顿的品牌微电影广告。这部微电影改编自英国 BBC 报道的真实新闻，在这部长达七分三十二秒的影片中，产品只出现不到两秒，却将金士顿所蕴含的品牌价值，深深地刻画于观众心中。

“Mind the gap”，这个故事就从这句话开始，也是贯穿整部片的一条线索。影片女主人公与她的丈夫在地铁站相遇，“Mind the gap（小心月台间隙）”是他对她说的第一句话。她丈夫是地铁的广播员，他录制的“Mind the gap”从 1950 年代后就开始在伦敦地铁北线播放。2007 年她丈夫因病去世，每当她思念她丈夫的时候，就会走进地铁里听他录播的声音。一句“Mind the gap”的地铁广播，让她守候地铁月台数年。当这广播的声音在装设新系统消失后，她伤心地请求，想换回她丈夫的声音。当伦敦交通局听到这个故事之后，他们决定在这一站换回她丈夫版本的“Mind the gap”。在影片的结尾，交通局将这声音拷进金士顿U盘里，递给女主人公珍藏。最后一段文案浮现：记忆是趟旅程，我们同时间一起上了列车，即使各自离去，记忆却从未下车。直到这时，观众才明白这背后有着对一段美好记忆的眷恋。时间成就珍贵记忆，金士顿的品牌价值得到体现。

《记忆月台》在上线之后并没有做过多的宣传却异常火爆，很多网友看完后都感动不已，引起了他们高度的情感共鸣，并纷纷在社交媒体上发表感言、主动传播。尽管产品镜头只有短短的两秒，但这并不妨碍人们看完微电影后对金士顿品牌留下深刻的印象。因为影片不只叙述了老妇人守候美好记忆的心情，也与金士顿品牌做了完美连接，让观众真切感受到一个U盘的价值不在于存储量多大、速度多快，而在于U盘里能存储珍贵的、值得感动的回忆。

除了会讲故事之外，我们也可以设计一些时代怀旧话题去勾起一代人的回忆，引起集体共鸣。

◎ 支付宝：《账单日记》

2014年，在支付宝十周年纪念之际，支付宝推出一部全新微电影广告作品《账单日记》。影片并未聚焦于支付宝十年功能的变化或者界面的改

版，而是通过截取一名普通白领十年中毕业工作、相亲、恋爱、怀孕等几个关键的人生片段，将其与支付宝账单联系起来，通过女生的成长过程，也侧面反映了支付宝的十年变化。影片画面清新唯美，背景音乐轻松舒缓，随着女生的旁白，带领观众融入这剧情中，开始陷入深深的回忆中。

这部微电影最出彩最能让人共鸣的莫过于女主角的旁白文案，一起来感受一下它的魅力：

2004 年，毕业了，新开始。支付宝最大支出是职业装，现在看起来真的“很装”。

2006 年，3 次相亲失败，3 次支付宝退款成功。慢慢明白，恋爱跟酒量一样都需要练习。

2009 年，12% 的支出是电影票，都是两张连号，全年水电费有人代付。

2012 年，看到 26 笔手机支付账单，就知道忘带了 26 次钱包，点了 26 次深夜加班餐。

2013 年，数学 23 分的我，终于学会理财了，谢谢啊，余额宝。

2014 年 4 月 29 日，收到一笔情感转账，是他上交的第一个月生活费，包养你，包养你们。

每一份账单，都是你的日记。十年，3 亿人的账单算得清，美好的改变，算不清。

影片女主角的十年岁月里存在着大多人熟悉的事物，截取的几个关键的人生片段也是观众生活中的必经之路，而且在网购盛行的时代里，大部分人都会拥有一个支付宝账号，因此他们看到这部微电影会感觉到熟悉亲近，在女主角旁白文案的情感共鸣中被拉回过去十年里的难忘记忆中。

2.3 “走心”的真人秀

近年来各类真人秀节目收视火爆，《中国好声音》《非诚勿扰》《爸爸去哪儿》《花儿与少年》等节目如雨后春笋般出现在观众面前。为什么会出现真人秀节目井喷之势？

观众喜欢真人秀节目最大的原因是节目的“真实性”。摄入镜头的真实人物故事，对观众有很强的吸引力。当观众认为节目是真实的，很容易产生信赖，引起共鸣，建立起与真人秀电视节目稳固的关系，成为该节目忠实的观众，并坚定地、持续地收看下去。

同样，如果企业尝试拍摄一些真人秀广告，也能引起观众强烈的情感共鸣。

◎ 台湾远传电信：《开口说爱》

在东方文化的影响下，人们情感较为含蓄压抑且羞于表达，即使在智能手机普及的时代，向身边家人、亲友言谢说爱仍是一件不容易的事情，台湾远传电信在2013年12月推出“开口说爱，让爱远传”的九支广告，鼓励人们表达正面情感，勇敢地大声说爱。

远传电信以广告拍摄的名义召集了九个普通民众进行关于“开口说爱”的试镜，在做过试镜练习之后跟他们聊天，了解他们的经历和故事，并让他们用电话当场向家人说出长久以来埋在心中无法言明的爱。因为主角事前并不知道整个过程会被拍摄下来，所以主角的表现和家人的反应都显得自然又充满感情。每一位主角的故事，每一通拨出的电话，每一句“我爱你”“对不起”都在镜头下真实呈现，分外感人。而广告结尾的旁白“最简单的一句话，往往最难说出口。现在，开口说爱，让爱远传”更是与观众擦出了共鸣的火花。

然而，远传电信“情感波”共鸣并不止步于此。几个月后，为了让观众了解这些广告片主角在开口说爱后与家人关系的变化，远传电信拍摄了三部后续纪实短片来展示“开口说爱”所蕴含的力量。

纪录片的拍摄是事先在家人完全不知情的情况下安排双方见面，这真实地记录人们含蓄又自然流露的情感表现最能引起共鸣，影响那些还没行动的人鼓起勇气通过不同的方式向家人表达那份爱。

远传电信这次“真人秀”品牌声浪传播运动启动不久就受到两岸三地的热烈讨论，在众多个人社交媒体上获得肯定与支持，网友们纷纷自发分享转载表示感动。有一位网友看后说：“当我怀疑自己对家人、家人对自己的爱是否存在时，看到了远传电信的广告，我随即给家人打了一通电话表达爱意，这让我找回了温暖，重新振作，再次获得面对这个世界的力量。”的确，远传电信推出这系列广告后不仅实现了销量的提升，还将正能量传给消费者，升华了品牌内涵。

2.4 疯狂的全民热

什么是全民热点事件？有哪些事件会受到广泛关注？有没有一件事的主题热闹有趣，却要每隔一段时间才上演的？没错，我们会想到像春节、双十一等每年只有一次的日子，还有像奥运会、世界杯等每隔四年才有一回的盛事……在这些特殊的事件中，大众的感情倾向会趋于一致。企业这时要是能从细节入手去洞察消费者，很容易触动他们的神经，引起共鸣。

◎ 哈尔滨啤酒：《尽情世界杯》

@王岳伦 准了！赏你33天假期，跟哥们儿好好看球，宝贝小妞交给我。球赛虽精彩，身体更需保重，这样才能从容应对生活中的每一场比赛啦。#尽情世界杯#

@主播李湘 老婆大人，翘首以待的世界杯就要开始了。跟哥儿几个苦等四年，他们早早就跟老婆请了假，都是奶爸，咱不能落单啊。恳请老婆大人特批世界杯看球假。［搞怪表情］#尽情世界杯#

6月6日 16:52 来自iPhone 5s | 举报　　(38665) | 转发(38735) | 收藏 | 评论(8833)

如果要说有哪一样东西跟足球息息相关，非啤酒莫属。如果要说有哪一样东西是足球迷离不开的，也是啤酒。“吃串儿，喝啤酒，看比赛”是球迷们最纵情、最忘我、最享受的一刻。啤酒生产商自然不放过这块领地，要将他们的产品与足球紧紧绑在一起，来俘虏球迷们的心。而足球的终极舞台——世界杯，每四年才举办一次的全球体育盛会，它带来的经济效益及推动品牌价值传播的作用是毋庸置疑的。

早在2014年世界杯开赛前两个月，哈尔滨啤酒就在全国各大媒体上投放TVC广告及平面广告，它面向全国男性球迷宣传一种要从工作生活中解脱出来，借世界杯与朋友欢聚，尽享兄弟友情与足球激情的态度。广告落地后，反响热烈，深受广大男同胞认同，赢得一致好评。在他们看来，边看足球边喝啤酒不只是消遣，更是朋友间根深蒂固、心照不宣的一种默契。正是因为哈尔滨啤酒更懂球迷的心，它在这场世界杯品牌传播战役中才能先拔头筹，占据先机。

除了在多屏媒介进行传统品牌硬广宣传，哈尔滨在社交媒体平台上的品牌声浪传播一样风起云涌。6 月，哈尔滨啤酒开始在微博和明星合作互动，推出#尽情世界杯#的话题，在短短两个小时内荣登热门微博榜第二名。哈尔滨啤酒先后邀请足球解说员黄健翔、《爸爸去哪儿》的王岳伦夫妇、人气作家陆琪、硬汉明星孙红雷发布各自的世界杯宣言。意大利死忠派黄健翔告诉球迷，对一支球队的执着追求，也是对自己的一份坚持；奶爸球迷王岳伦获得妻子批准请假 33 天，放下家务事尽情和朋友相约看球；一向爷们的孙红雷以一种罕见温柔的风格发出对家乡哈尔滨的思念，抒发对兄弟相聚看球一刻的缅怀；“妇女之友”作家陆琪则用一种好姐妹的口吻告诉女人，世界杯是她们重获自由的时刻，要约上闺蜜尽情玩乐。通过这四种关系切入，这个话题迅速占领社交舆论，短短几天时间就带来了 24 万次的话题讨论，30 万次的转发，1.8 亿人次的品牌曝光。哈尔滨啤酒利用这个话题，结合产品形象，创造了一个独具人情味的世界杯，更是击中广大球迷心中的那道坎，进一步增加品牌的共鸣力量。

在世界杯这种全民狂欢的热点事件中，很多企业都会借势发声，但要想在这场世界杯品牌传播战役中突围，引起消费者的注意，企业不能只在产品本身寻找卖点，而要在产品本身与消费者之间寻找共鸣契合点，向消费者表明对于这热点事件持有的共同态度，哈尔滨啤酒无疑是做到了这一点。

结语

在不同的市场供求状态下，消费者对品牌的要求不是完全相同的。一般来说，当供不应求时，人们更多地注重其满足生理需求的基本效用，往往无暇顾及对品牌其他功能的要求；而当供过于求时，人们开始较多地注重品牌满足心理需求的程度，对产品功能的关切度则相对降低。供求矛盾越突出，这一特征越明显。目前我国大部分行业已进入买方市场，产品同质化日趋严重。在这种情况下，消费者购物选择的标准就由通常的物质实用性指标过渡到精神享受性指标上，即强调品牌在具备基本功能、满足生理需求的前提下，注重情感需要，追求满足其心理需求，这就是所谓的情感品牌。

满足情感需要的品牌之所以受到人们的青睐，根本原因是企业站在消费者的立场上，融入了对消费者的一片深情和爱心，进而引起消费者情感共鸣，赢得他们的信赖和忠诚。因此，企业需要攻心为上，把消费者对企业品牌的忠诚建立在情感共鸣的基础之上，满足顾客情感上的需求，使之得到心理上的认同，从而产生偏爱，形成一个非该品牌不买的忠实顾客群。

3 文化波

品牌文化是品牌所凝练的价值观念、生活态度、审美情趣、个性修养、时尚品位、情感诉求等精神象征，它能超越时空的限制带给消费者更高层次的满足、心灵的慰藉和精神的寄托，在消费者心灵深处形成潜在的文化认同和情感眷恋。

在消费者心目中，他们所钟情的品牌作为一种商品的标志，除了代表商品的质量、性能及独特的市场定位以外，更代表他们自己的价值观、个性、品位、格调、生活方式和消费模式；他们所购买的产品也不只是一个简单的物品，而是一种与众不同的体验和特定的表现自我、实现自我价值的道具；他们认牌购买某种商品也不是单纯的购买行为，而是对品牌所能够带来的文化价值的心理利益的追逐和个人情感的释放。

因此，他们对自己喜爱的品牌形成强烈的信赖感和依赖感，融合许多美好联想和隽永记忆，他们对品牌的选择和忠诚不是建立在直接的产品功能上，而是建立在品牌深刻的文化内涵和精神内涵上，维系他们与品牌长期联系的是独特的品牌形象和情感因素。这样的顾客很难发生“品牌转换”，毫无疑问是企业的忠诚顾客，是企业财富的不竭源泉。

那么企业如何塑造一个能引起消费者精神世界共鸣的品牌文化？我们知道不同的文化会带来不一样的体验共鸣，企业如果能够适时对一些有价值的文化进行利用，将其注入到品牌建设中，必将对品牌发展产生积极的影响。

3.1 企业文化

在前面的章节也曾提过在知识经济时代，企业文化的作用非常重要。在品牌声浪传播的过程中，有效利用企业文化的力量，甚至直接将企业文化作为传播的主体，能显著地提升品牌价值。

企业文化既是一种凝聚力，又是一种渗透力。它不仅是整合与优化企业内部资源配置的重要支配力量，而且是品牌深入民心，与消费者沟通的桥梁，打造强势品牌的重要渗透力量。

◎ 五叶神：《实干闯未来》

五叶神是广东的一家烟草企业，曾经在电视媒体上发布了一部品牌形象广告片——《实干闯未来》。这部广告片里宣扬的企业文化被广为传播，感染了众多有志人士。

广告片用激励人心的音乐作为背景，用沉稳的基调，有节奏地展现了一幅主人公们不顾艰辛登上顶峰、面向光明的画面。他们手中都拿着一个

不是所有时候都可以一眼看见未来，

在茫茫黑暗中，

用生命发出微光，

照亮向前的路！

火把，在往上攀登的过程中，火把没有熄灭，反而越来越旺盛。这火把代表着五叶神不断追求发展的决心，同时它也燃起了观众们的奋斗热情。

广告片中沉稳的男声旁白更是点明了整个片子想要表达的企业文化：不是所有时候都可以一眼看见未来，在茫茫黑暗中，用生命发出微光，照亮向前的路！

《实干闯未来》以强烈的视觉冲击力和吸引力展示了五叶神的品牌核心价值，整体给人的感觉就是简洁大气，节奏清晰，富有活力。通过这部广告片，五叶神成功地被塑造成一个富有激情、敢作敢当、追求进步的强者符号，其身上“实干、负责”的企业文化也深入到消费者心中。虽然烟草企业的广告受到一定的限制，但是这种企业文化精神在这个“大众创业，万众创新”的时代还是非常有价值的！

◎ 康美药业：《康美之恋》

广东康美药业在2007年制作了一部名为《康美之恋》的MTV音乐电视，由影视明星李冰冰、任泉主演，由著名作曲家王晓锋与著名导演童年全力打造，歌星谭晶演唱片中歌曲。作品风格优雅、情深意长，美妙动听的歌曲诉说着创业的信念与情怀，诉说着李冰冰与任泉在桂林神奇秀丽的山水间相互爱恋、共同创业的感人故事。

《康美之恋》推出后大获成功，许多乐评人和听众都赞叹这部音乐MTV带来的感官享受。许多人在这之前对于康美药业是所知甚少，但看完这部音乐MTV后不仅是把该药业的名字给记住了，还被MTV流露出来的唯美的企业文化深深吸引住，心灵受到震撼。

《康美之恋》中优美的画面如同人间仙境，这个设计也是别具匠心的。如今在城市里工作的人们早已厌烦了白天城市的喧嚣，晚上回家打开电视却又是商业味浓郁的广告。而《康美之恋》的出现以山水甲天下的桂林美景满足了人们对自然山水的向往。

此外，这部音乐MTV的演唱者是著名歌唱家谭晶。她极具表现力的声音能把歌中的这种意境表现得恰到好处，诠释得迷人并富有诗意。

MTV中男女主角情感故事的发展更是调动着观众收看的欲望，牵引着观众的体验感受。李冰冰和任泉都是国内一线明星，是公认的荧幕情侣，这次出演自然备受关注。故事围绕他们俩饰演的一对恋人共同创办“康美药业”这个主题展开，从最初的男子采药、配药，女子熬药、晒药，进行一道道精细而紧密的制药工序，到最后“康美药业”正式开张和男女主人公婚庆双喜临门的完美结局。除了至纯至美的爱情故事，还展现了精诚制药的“康美”文化。

企业文化要表达的是抽象的企业个性，或是一种企业精神、情感，一般要用一个场面、情节等来表现。《康美之恋》也不例外，它把康美药业的生产理念和企业文化巧妙地融进了这个感人的爱情故事和如诗如画般的意境中，像一股清泉，悄悄地渗进了观众的心田，将观众向往、或者心中既存却未成形的某种精神追求和境界，用形象的情景展现出来，引起了观众的共鸣。

3.2 时尚文化

随着物质水平的提高，人们开始热衷于追求时尚生活。的确，时尚能带给人一种愉悦的心情和优雅不凡的感受，赋予人们独特的气质和神采，能体现精致的生活品位。人们对时尚的追求，已经成为这个时代的一种文化标志，无论是从物质上还是精神上都推动着人们往更好的方向去发展。

因此，企业在品牌建设过程中注入时尚文化元素，能吸引那些渴望优雅，注重生活品位又有敏锐的时尚触觉的消费者慕名而来，不离不弃。

◎ 歌莉娅：与时尚来一次“说走就走的旅行”

从阳光明媚的泰国海滨，到雅致灵动的日本小城，从充满贵族优雅气息的蒙地卡罗，到多元时尚荟萃融合的伦敦街头，总能遇见一位精致优雅的女性。眼波流转、顾盼生辉，她的目光被一切美好的事物吸引；她的笑容和煦迷人，由内而外散发着自信魅力。如一颗无瑕美钻，时尚在她身上

第23站 意大利　第24站 苏格兰

第25站 墨西哥　第26站 美国

第27站 法国　第28站 意大利

第29站 摩纳哥　第30站 英国

折射出绚丽的光芒。她信奉“旅行就是生活”，崇尚积极正面的情感，乐于接受新事物，渴求新体验的生活态度；她的足迹踏遍五大洲二十多个国家，环球发现多元、多角度的时尚生活灵感，升华成为“精致美学”。她，名为歌莉娅。

歌莉娅诞生于1995年，是国内首个将环球旅行与时尚相结合的女性服饰品牌。在持续超过十年、历经二十多个国家的环球旅程中，歌莉娅不断将时尚灵感运用到设计当中，为女性消费者提供精致优雅的时装。可以说，歌莉娅开创了“开启国际视野，同看世界之美”的品牌文化，消费者透过歌莉娅环球之旅的足迹，也可以探寻世界旅游文化，吸收中外人文与艺术的精华。

最能引起消费者时尚文化共鸣的是哪个环节呢？那就要看歌莉娅历年来在广州大剧院举办的“时尚之都巡礼”时装秀。

从2012年开始，歌莉娅掀开“时尚之都巡礼”这一页，足迹遍布纽约、巴黎、米兰、蒙地卡罗、伦敦五大城市。消费者可以在歌莉娅的官网以及各种官方社交媒体上追随歌莉娅的环球发现，感受异国风情。当歌莉娅远行归来时，都会在广州大剧院举办一场大型时装秀，实地展示游学成果。每一场时装秀歌莉娅都会以梦幻般的视觉艺术向观众展示异国时尚风情。像米兰一站，歌莉娅就用巨大的布景为观众呈现一个实景的米兰大教堂，使其犹如置身于米兰歌剧现场。

歌莉娅用“旅行就是生活”的传播理念塑造属于自己的独有时尚品牌文化，旅行的意义也在此得到了升华，它是代表着一种开放正面，乐意接受新事物，渴求新体验的生活态度。歌莉娅与消费者一起环球发现多元的时尚生活灵感，透过分享，共同感悟，让自己活出充实，活出美丽。这种时尚文化共鸣，我们可以将其称作歌莉娅体验，它是一笔巨大的精神财富，不断为消费者创造出更丰富的异国时尚文化体验。

3.3 人文文化

如今的都市人们往往是越活越浮躁，只习惯关注自己的短板，一心想要改善自己跟上时代步伐。人们渴望拥有更好的人生，却忽略了身边一直存在的美好事物。

在这样的大环境中，企业在品牌声浪传播中鼓励消费者将目光投向自己美丽的一面，不仅能让消费者重拾积极品质，唤醒生活活力，还能给这个社会刮起一阵清爽之风，吹走负能量，树立正面的品牌形象。

◎ 多芬：各美其美，绽放真美

联合利华旗下最有价值的品牌——“多芬”，专注女性个人秀发、肌肤的护理已有五十多年。不仅如此，多芬就像它的英文名字 Dove 一样，一直致力于给消费者带来希望、快乐、和平的体验感受，不断创造具有品牌特色的人文文化共鸣。

部分美容行业女性品牌总是告诉消费者自身外貌上的缺陷需要改善和提升，这些广告大多都只是关注外在美。和这种相对狭隘的审美观不同，一直以来，多芬品牌的核心理念即鼓励女性寻找真正属于自己的美丽。基于这一理念，多芬 2004 年起在北美和欧洲发起了颠覆性的“真美行动”，帮助更多女性发现自己真实的美丽并勇敢绽放出来，引发了巨大反响。之后，多芬开始将活动向全球推广。

2011 年，多芬承载着这样的使命将这一享誉全球的“真美行动”带到了中国，致力于帮助中国女性从狭隘的美丽定义中解放出来，发现自己独一无二的美丽。

（1）你的美丽故事

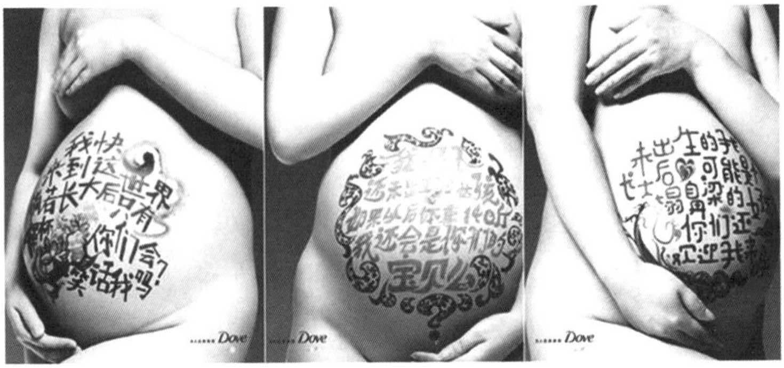

2012 年，多芬的官方新浪微博和新浪活动站点同时发起一场持续近 3 个月的社交媒体活动，邀请女性消费者通过这些平台分享自己的美丽故事，让她们公开宣示“我就是美丽的”，启发她们重新认识和接受自己的美丽，重新树立起对自身美丽的自信。

多芬展开这场活动的初衷源自于一次消费者洞察，研究表明超过 60% 的中国女性认为自己是美丽的，但只有 4% 的女性会公开表达和接受自己的美丽。因此多芬希望通过这个活动改变这一现象，发掘每个女性变美的潜力。

在这场活动中如何吸引消费者参与互动是一个难题。由此，多芬在活动发起之前就已经在网络媒体上开始预热，为这个主题积累人气。

多芬在 3 月 8 日当天率先推出“女人生来美丽”活动，将准妈妈的大肚子作为创意的载体，邀请了一些艺术家在三位准妈妈的肚子上通过作画的方式描绘了三个问题：“我快来到这世界，倘若长大后只有 A 罩杯，你们会笑话我吗?”“我是还未出生的女孩，如果以后体重 140 斤，我还会是你们的宝贝么?”“未出生的我长大后可能是塌鼻梁的女孩，你们还欢迎我吗?”这些问题十分尖锐，在网上引起了相当热烈的讨论，唤醒社会对女性美丽标准的反思。

然后多芬选择了8位普通的女性消费者，为其拍摄视频来展现不同地域、不同职业、不同年龄的中国女性的真美面貌，演绎“万千真美”。由于视频的主角都是一些平常人，更能让大众有所触动，所以迅速被大范围地传播出去。

经过这些传播的铺垫，多芬再在社交媒体上邀请一些意见领袖分享她们的美丽经历，引导和鼓励女性消费者开始关注自己的美丽故事。于是，这场盛大的分享会便正式拉开了帷幕。

(2) 你比自己想象中要美

2013年，一支由多芬制作的视频广告成功席卷了全球多个国家。这个名叫“美丽素描”的视频主要是讲述一位来自联邦侦探画像专家在完全看不见彼此的隔离状态下，根据7位女性对自己五官和外形的描述为她们画像。之后，这位专家再为同样的7位女性完成另一幅肖像，但第二幅画像是由当天见过她们的陌生人描述。有趣的是，女性对自己的描述和看法与自己在陌生人眼中完全不同，且更加友善美丽。这支广告中自始至终没有出现多芬产品，但在如此强烈的反差对比下却让人记住了多芬帮助女性发现真我之美的努力。

（3）美丽源于你的内心态度

2014 年，多芬再一次在全球多个国家推出了名为“美丽贴布”的病毒式传播视频广告。在视频中，多芬号称研发了一款叫 RB－X 的贴布产品，佩戴后可以让女性变漂亮变自信，并邀请多名女性来进行产品测试，录制视频日志，讲述每天的感受。在试验初期，绝大多数女性反映，使用了 RB－X 美丽贴布之后，根本感觉不到自己有任何变化。随后，在接下来的几周时间里，一旦她们注意到自己变得更好看，或者得到了他人的赞美，绝大多数人都会把这一切归功于 RB－X 美丽贴布。但是在试验结束时，这些女性惊讶地发现，所谓的“RB－X”美丽贴布不含任何活性成分。让她们感觉自己越来越美丽的唯一因素就是不断增强的自信心。多芬以一个革命性实验证明了美丽源于内心的态度，当女性发现了自身的美丽之后，自信和快乐便会油然而生。

多芬的“真美行动”在全球各地都取得了巨大成功，不仅产品销量大幅增长，而且还掀起了数以千万计的女性对于美丽的多元化的讨论和思考，激发了普通女性对美丽的自信，启发她们从多个角度关注自己，可以挖掘自己的美丽潜力。事实证明，这样的活动的确赢得了中国女性的热烈追捧，不管是单身剩女、家庭主妇、办公室白领，抑或是小店老板娘，她们都在用自己的方式诠释着自己独特的美。

因此，与其说“多芬”是一种产品，倒不如说它代表着一种理想，一种信仰，一种人文关怀。多芬的“真美行动”已经发展成了一场独领风骚的能激发女性自信心的文化浪潮，相信在未来会继续扩大影响力，给女性消费者创造更多的人文文化共鸣。

3.4　精英文化

大众文化以不可阻挡之势占据了文化话语的宝座。虽然大众文化在大众的生活中扮演着越来越重要的作用，但是它的弊端也越来越明显。比如，它的泛娱乐化使得大众减少思考，它的五花八门使得大众沉入信息的海洋中无所适从，它可能因为来自个人的不可确定性而导致质量良莠不齐……

尽管如此，同时也一直存在着另一种文化引导大众去思考过去的经验教训、当下生活的真谛和未来路的方向等。它通常是由意见领袖在社交媒体上传播出去，用积极正面的价值观去影响大众去追求美好的事物。我们把这种文化叫作精英文化，它有很强的群众吸附力，能让拥有共同信念的人群在它的指引下焕发活力。

◎ 尊尼获加：醉梦语路

酒是什么？是应酬的工具还是发泄的方式？在这些认知的背后，酒还可以是什么？苏格兰威士忌品牌尊尼获加告诉人们：酒还可以是一种生活态度，永远造梦、永远前行的生活态度。作为一个拥有近两百年历史的国际品牌，尊尼获加在百年发展的历程中，始终秉持 Keep Walking（永远向前）的品牌精神，在各个层面上鼓励消费者的个人进步。

尊尼获加于 2010 年宣布“语路”计划正式启动，进行一场进入中国市场以来最大的数字社交媒体宣传，希望在中国消费者中引起共鸣，进一步开拓中国市场。

（1）“语路”计划预热期：韩寒的梦想视频

韩寒在哪里，哪里就有舆论焦点。以 80 后作家身份起步的韩寒，“语路”计划曾经引起了公众强烈的反响，如今他已是一部票房过 6 亿元的电影的导演，他的加入显然使这项计划更富有精英色彩。

5 部短片都围绕着“梦想”的主题展开。韩寒的表演有点生涩，但是语言和文字凸显了他作为作家出身的功底，足够让千万粉丝着迷。韩寒在此片中谈论的话题是：我们的梦想是如何歇菜的？他谈到，身边的朋友在很小的时候都有梦想，往往是不着边际的，比如科学家等，但是长辈就会对孩子的梦想进行扼杀，希望他们有更加现实一点的梦想，比如公务员之类的梦想。在长大的过程中，阻碍梦想实现的最大障碍往往是现实的残酷以及自己的懦弱，所以梦想的实现往往得益于个人的坚持。本次活动还有梦想论坛板块，网友们可以在这里和韩寒直接交流，韩寒会回复他选中的梦想问题。

（2）“语路”计划深入期：沈宏非、闾丘露薇、李承鹏和洪晃的梦想博文

韩寒的梦想视频还在一片热议中继续发酵着，随后，“语路”计划邀请了沈宏非、闾丘露薇、李承鹏和洪晃四位“意见领袖”为品牌撰写梦想博文，利用文字与影像相结合的方式去触动消费者心中的敏感神经，旨在吸引更多的网友参加梦想活动，而相关评论及发表后续感言的博友的文章也会被选中登载出来。

（3）“语路”计划高潮期：12 位梦想人物的梦想纪录片

这个梦想纪录片系列的 12 个主角包括：地产领袖潘石屹，维权揭黑记者王克勤，老罗英语创办人罗永浩，艺术家徐冰，歌手兼诗人周云蓬，环保组织创办人赵中，著名舞蹈家黄豆豆，昆曲王子张军，服装设计师王一扬，郑州“菜生活”网站创办人曹非，上海定制旅游公司创办者肖鹏等。这12位人物，来自各个不同的行业，他们曾经都只是一名普通百姓，但是现在的他们都是因为梦想和奋斗而让生命变得不同。尊尼获加通过纪录片朴实真切的镜头，记录了他们在生活中的酸甜苦辣，将他们实现激情梦想，脚步“永远向前”的精神演绎得淋漓尽致。

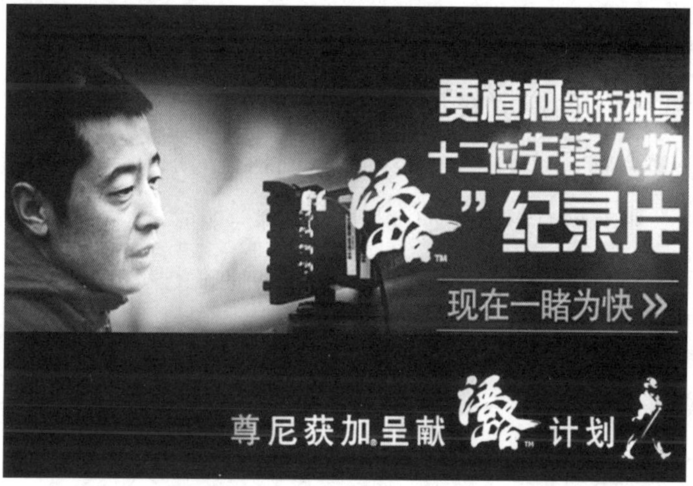

在不久的将来，80后、90后将成为主角，是社会的中坚力量。而事实是，生活中有很多原因阻挡了人们前进的步伐，使他们忘记了梦想，对现实妥协。尊尼获加基于其品牌精神“永远向前”发起了“语路”计划，展示那些拥有平凡背景但坚持梦想，在不同的人生角色中不懈追梦的代表精英人物，通过每一位精英的不凡故事和他们的所思所言，引发这一代人的共鸣，激发出这一代人内心深处对梦想的追求和圆梦的勇气，投入到“永远向前”的旅途中来。

结语

品牌文化有很多，能引起共鸣的也不止以上几种。培养成熟的品牌文化很大程度上取决于企业的品牌主张。如果品牌主张和消费者的价值观吻合，可以使他们的内心愉悦，从而引发思想上的升华。因此品牌文化要以消费者为导向，只有准确地表达出消费者的心声的文化，才能让消费者动心。品牌文化要来自消费者内心的呼唤，又回归消费者的心灵。

品牌文化共鸣使消费者与品牌之间、消费者与消费者之间真正达到思想上的交流和互动。它可以满足消费者的社交需要、尊重需要和自我实现需要，从而更可能打动消费者，使消费者对品牌产生依赖感。一旦品牌消声，消费者会感觉到失去了一位拥有共同语言的朋友，迫切地追踪该品牌。因此，拥有与消费者有文化共鸣的品牌会变成一位忠诚可信的朋友，给消费者创造更多具有正能量的价值观，引导他们进步前行。

FOUR 第四章 无声区

"宁静而致远"，不是完全没有声音，而是主动调低音量；于无声处反思内在，倾听内心，在醒觉中夯实原点，谋定新图景。

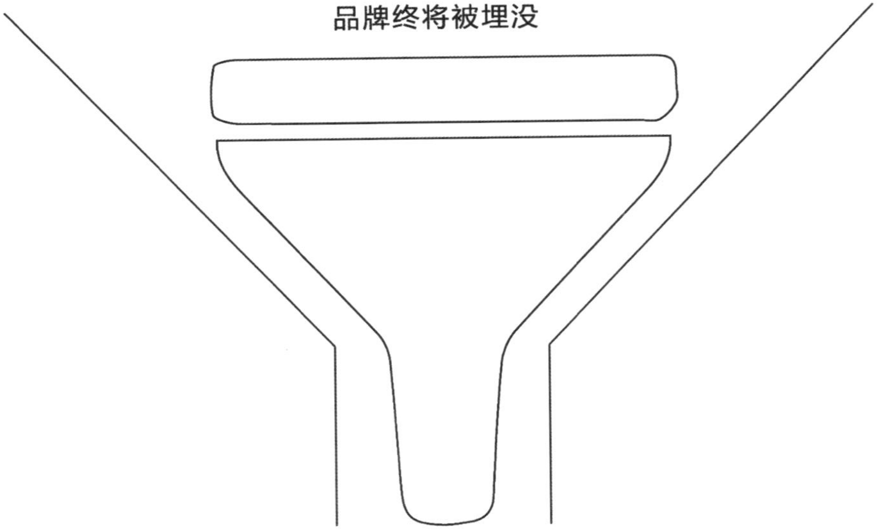
不经沉淀
品牌终将被埋没
沉淀创新，品牌新生

- “宁静而致远”，不是完全没有声音，而是主动调低音量；于无声处反思内在，倾听内心，在醒觉中夯实原点，谋定新图景。

- 在原点战略思想的指导下，企业花数年时间孵化出别具调性的“原点核”和“原点壳”，并通过一系列有成效的发声行动引起品牌共鸣。当企业发展到瓶颈期，想要再增长会有相当难度，似乎冥冥中有一种力量制约着企业的命运，左冲右突，难以脱离这个怪圈。另外，企业还要面临着竞争的严峻考验。在这一关口，很多企业要么是故步自封，要么是孤注一掷。

1 不经沉淀，品牌易被埋没

如果一个品牌跟不上市场需求的变化，没有根据新的需求进行品牌价值的变革创新，就会轻易地在激烈的市场竞争中败下阵来。很多本土品牌就是由于未能及时把握市场需求变动所带来的机遇而灭亡，比如润迅寻呼应对不了手机的挑战，小霸王学习机没能抵抗住电脑的来袭。时代一直在前进，企业若不紧随其后，那只会落得被时代浪潮吞没的下场了。

◎ 健力宝：去哪儿了

健力宝诞生于1984年，含有“健康、活力”的保健意义。1984年洛杉矶奥运会后一炮走红，被誉为“中国魔水”。在20世纪八九十年代无人不知无人不晓，当时其首创的拉环有奖促销创意更是在全国引起一阵轰动，成为一代人的快乐记忆。

然而，踏入新世纪后，中国市场发生日新月异的变化，众多国外饮料品牌纷纷闯进家门，抢夺市场份额。与健力宝口味相似的碳酸饮料两大巨头——可口可乐与百事可乐则不断用别具创意的广告营销手段牢牢抓住消费者的心。反观健力宝，十几年来在产品开发、形象包装和品牌推广等方面始终逃不出亚运、奥运情怀，摆出一副啃老本的姿态，除了在2002、2003年相继推出昙花一现的新产品“第五季”和“Pal爆果汽”之外便无其他建树。健力宝的企业团队忽略了对品牌的维护、管理和革新，造成品牌老化，出现销售疲软、消费者审美疲劳等问题。久而久之，健力宝悄然退出历史舞台。

◎ 丁家宜：怎么消失了

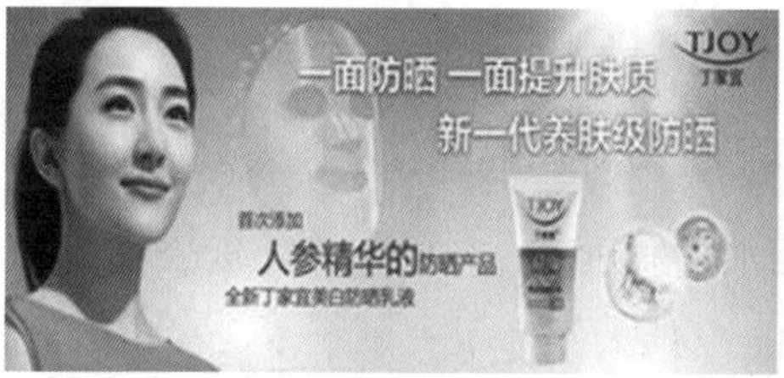

丁家宜TJOY是1995年成立的本土日化品牌。那时的中国女性，还处于肥皂洗脸的美容懵懂期，丁家宜适时切入生物美白的商机，开辟了这一片蛮荒，更改写了中国女性的“洗脸文化”。“美白洗面乳”是丁家宜首推的产品，销售奇佳，自此以后，美白洁面便成为丁家宜的强项，一度辉煌。随后，丁家宜主推防晒产品，邀请韩雪作为品牌代言人助力发声。据AC Nelson调查，丁家宜在防晒乳液市场占有率达15%独占第一，每六罐防晒乳液就有一罐是丁家宜品牌。

踏入2008年后，丁家宜的飞跃期已经过去，开始出现停滞不前的态势，而且妮维雅、卡尼尔、旁氏等外资品牌竞争对手采取了更为激进的价格策略，这些无疑都对丁家宜产生了直接威胁。如何保持之前的速度发展，是其面临的很大问题。企业决策者为了突破困局，在同年12月正式对外宣布与全球第一香水制造商、第五大化妆品公司科蒂集团（Coty Inc.）达成股份购买协议。根据协议，科蒂将获得丁家宜控股公司的大多数股份，同时将保留丁家宜现有的管理层和员工。

为何丁家宜要寻求与外资合作来解决问题呢？丁家宜创始人兼董事长庄文阳先生曾公开表示："丁家宜希望能够依托科蒂的全球网络和营销专长，获得更快速的增长。"

但好景不长，丁家宜在2012年销售额下降了50%，基层销售团队也处于深度调整中，大部分原高管在并购后相继离职。到2014年，科蒂因亏损严重宣布丁家宜品牌所有产品将在中国市场停售。

从1995年到2014年，丁家宜经历19年风雨，最终化为中国日化市场手掌中的一把流沙。

回顾丁家宜19年的韶华，我们发现它是中国品牌扛不住低潮，企图借外资力量来谋求突围，但最终逃不出消亡命运的一个缩影。外资公司对中国品牌的策略历来都是"打得赢就打，打不赢就买，买了之后就束之高阁"。合资后，外商一般会利用自己的控股决策权，有意把中方品牌安排在低档产品上，或干脆将中方品牌弃之不用，大力培育外方品牌。

附：那些被收购的民族品牌的现状

美加净：该品牌原占有国内市场近20%的份额。1990年，上海家化与庄臣合资，“美加净”商标被搁置。上海家化于1994年出5亿元收回美加净商标，但已失去了宝贵时机，沦为二三线品牌。

中华牙膏：1994年初，联合利华取得上海牙膏厂的控股权，并采用品牌租赁的方式经营上海牙膏厂“中华”牙膏。如今，中华牙膏在市场上的份额已少得可怜。

活力28：1996年，与德国美洁时公司合资后，双方规定的合资公司洗衣粉产量的50%使用“活力28”品牌的承诺没有兑现，前3年共投入1.84亿元用于“活力28”宣传的广告费用也成了一纸空文。“活力28”这个知名品牌从人们的记忆中渐渐消失了。

小护士：2003年，法国欧莱雅收购小护士。多年后的今天，小护士在

市场上也几乎销声匿迹。

大宝：2008 年 7 月 30 日，强生宣布完成对大宝的收购。至此中国化妆品市场的竞争已形成外资主导的局面。

美即：2013 年，占中国面膜市场份额高达 26.4% 的美即被欧莱雅收购后不久便曝出下半年利润较上半年下滑近八成。

资历深厚的民族企业在全球化市场的冲击下尚且如此，如今进入 Web 2.0时代，一些互联网新兴企业也是岌岌可危。

◎ 凡客：为什么没落了

VANCL（凡客诚品），由卓越网创始人陈年创办于 2007 年，产品涵盖男装、女装、童装、鞋包、家居、配饰、化妆品七大类。以前的中国人购买衣服都是在实体店内购买，花时间也花精力。在互联网时代背景的冲击下，凡客牢牢把握住发展电商的最好时机，立志要成为“中国第一大互联网服装品牌”。它不断推陈出新，凭借“凡客体”在网络上着实火了一把，销售量激增；凭借韩寒、王珞丹、黄晓明等名人光环效应，去掉了自身“低价”的互联网品牌标签。据艾瑞咨询《2009—2010年中国服装网络购物研究报告》显示，VANCL在自主销售式服装B2C网站中排名第一，VANCL这个互联网新兴企业的实力不容小觑。

然而好景不长，2013年，凡客被相继爆出有十几亿元的库存积压、拖欠供应商货款等丑闻。盲目地追求销售额的剧烈增长、产品品类扩张浮躁、粗放式的广告投放……这些营销策略曾经给凡客带来昙花一现的辉煌，如今却将它拉下神坛，推入不可见底的深渊。更糟糕的是，凡客只注重产品生产的数量和销量，却不顾及最为重要的用户体验，甚至舍本逐末地生产昂贵精美的包装盒，使“凡客的包装盒质量比衣服的质量还要好”一度成为业内笑话。

重看凡客过去“大跃进”式的冒险经历，我们可以看出因一味地追求极速膨胀扩张、一味盲目地追求销量、不顾现实地浮躁发声会造成难以挽回的损失，这些都是凡客没有静下心来沉淀的结果。企业在路上走的时间长了，很容易就忘了该如何走路。凡客需要的是用时间把品牌沉淀下来，重新思考该如何回到最基本的品牌原点，重新审视自己该如何走路，要着力于经久不变的永恒原点——从用户体验出发带动产品质量的提升。

2 沉淀是金，迎来新生

企业发展为何会进入低潮瓶颈期？实际上是企业已然落后的“原点核”和“原点壳”，制约了企业的发展。这时候企业需要调低音量，重新回到原点沉淀一番。停下来，别急，睁开双眼认真看看时代的变化，再孵化出顺应时代潮流的“原点核”和“原点壳”。这一阶段我们称之为无声时期，是企业力量重新整合，酝酿新一波品牌运动的关键时期。

那么，当企业处在低潮瓶颈期时该如何回到原点再次发声？我们一起来看一看凡客的浴火重生。

◎ 凡客：破釜沉舟，重新开始

从上文我们了解到生产线、资金链紧绷以及巨额库存积压这三座大山一齐向凡客压来。迫于这样的困境，凡客忍痛进行大变革，公司从原来的5000多人裁员至最终的300余人，把总部从位于北京西二环的雍贵中心高档写字楼搬到了遥远的南五环亦庄。创始人陈年决定“一心只做减法”，务求把凡客的产品质量赶上去，从专注于产品的高销售额转向打造高质量产品。

2014年8月，沉寂一年的陈年携“一件衬衫”归来，在北京798艺术区召开新品发布会。这场发布会没有明星捧场，没有模特走秀，没有铺天盖地的营销宣传，只有陈年和他的团队，只有一款衬衫，只有黑白两种纯粹的颜色。在这会上的一个多小时里，陈年只反复讲了一件事情——衬衫。除了棉花选取和成衣免烫技术外，在衬衫的细节问题上，凡客也做出了很多改变。比如衬衣扣子不容易解开的问题，凡客选择了鹰爪扣，所有的扣子都可以单手解开；花重金配置无瑕钮门设备，避免了衬衫扣眼上有线头的问题；对于客户投诉领子的领标不舒服，凡客最终去掉了领标。这些都说明陈年对衬衫的确做到了“专注”“极致”，也体现出凡客在做品牌的路上更扎实一些，做产品的态度也越来越好了。

从之前做平台的“大而全”，到现在做品牌的“小而美”，凡客是经历了一场原点的无声沉淀。“专注产品”是陈年这一年来谈话中出现频率最高的一个词。他也用实际行动成功让凡客回到原点，专注产品。我们不知道凡客对极致产品的追求能否成为它走向梦想和复兴的标志，但凡客敢于直面问题，做出行动的自信与勇气值得大家为它点赞。

近年来，有一个老品牌成功注入生机，实现了品牌再次飞跃的新突破。那就是曾在《中国好声音》舞台上大放异彩的百雀羚。

◎ 百雀羚：梅开二度，百雀齐鸣

小小的、扁扁的圆盒子，蓝色间黄色，上面绘满五彩缤纷的鸟儿，里面是银白色铝箔覆盖着白色膏体，这是老一辈对始于1931年的上海老字号护肤品牌百雀羚最深刻的记忆。记忆始终只能属于记忆，曾经为百雀羚带来无限辉煌的产品形象已经和众多老字号品牌一样，渐渐淡出了公众的视线，以至于成为“古董怀旧”的谈资。

然而，近几年百雀羚却能重新激活，频频活跃在消费者面前，特别是在《中国好声音》栏目上大放异彩，赢得广泛关注。它是怎样做到浴火重生的呢？

2000年，“百雀羚”开始改制，引入产业资本及专业团队；

2006年，开始筹建“草本工坊”，开始聚焦草本的原料的提炼过程；

2008年，重新全面塑造“百雀羚”形象，打造新体系，推出新一代

“草本精粹”系列产品；

2010年，聘请时尚明星莫文蔚作为品牌代言人，在CCTV及各主要省级卫视全面开展莫文蔚“草本护肤”明星广告营销传播；

2011年，百雀羚全面“触网”，天猫、卓越网、当当网、乐蜂网等电商旗舰店上线；

2012年，以7000万元中标2013年浙江卫视《中国好声音》第二大标王；

2013年，“第一夫人”彭丽媛以第一夫人的身份，将百雀羚定制礼盒送到非洲，引发了一场“国礼效应”；

…………

从上述时间轴能看到，从2000年到2008年，百雀羚用了整整8年时间沉淀在无声之中，默默耕耘。特别值得学习与借鉴的是，百雀羚如何打破企业旧有的“原点核”和“原点壳”，重新建立一套与市场需求吻合的原点系统。

（1）管理模式

百雀羚通过上海、广州、苏州三地布局与资源整合形成“合力”，打破原有的传统落后的生产、开发、经营管理模式，建立了现代企业管理模式与方法：上海——企业总部，规划为投资、战略与运营中心；广州——规划为策划、设计、包装开发中心；苏州——产品ODM研发、生产中心。百雀羚通过“铁三角”的布局与建设，优化与提升了在研发生产、策划设计、战略运营方面的竞争力，是其跨越式发展的“核动力”。

（2）渠道建设

百雀羚在“复兴”过程中，自2008年开始，舍弃“作业”多年的三四线流通渠道市场，把资源大规模向一二线市场终端倾斜，并开拓终端KA、专卖店、电子网络多元化的渠道，并将核心渠道确定为商超与专营店

系统。正是近400家代理商、近3000家商超网点及电子网络渠道，使百雀羚广告传播得到落实，销售业绩迅猛提升。

（3）品牌定位

“草本护肤”是百雀羚品牌定位、品牌传播的核心创新点。“草本汉方”概念的日化产品也逐渐兴起，并得到消费者的青睐。“汉方、草本”一直是中国本土日化产品“概念”行销的有力武器，因此适时抓住时代潮流概念是百雀羚复兴的阶段性崛起、成功的关键。

（4）明星代言

百雀羚聘用莫文蔚代言“草本护肤”，对百雀羚的品牌定位及目标受众的吸纳带来很大助力。莫文蔚的“国际范儿”与百雀羚的“东方美”的巧妙契合，迅速吸引消费者、媒体眼球，最大限度地受到80、90后年轻消费群体的关注并激发其购买欲望。

（5）广告投放

百雀羚密切关注其目标受众的聚集点，将广告投放在前三大卫视的王……

- 当品牌声浪达到一定程度时，往往会臻于“无声”的境界——无声崇拜这一神奇现象就会产生。无声崇拜造就了市场追逐品牌、消费者迷恋品牌的商业奇迹。消费者对其犹如宗教信徒般膜拜，因为拥有它而感到荣耀，因为失去它而感到痛心。

- 在消费者心里，它早已不仅仅是某个产品品牌，而是成为了一种精神的表征，并深刻地影响着消费者的购买行为和生活方式。从这个意义上讲，它除了是一个被物化的品牌之外，同时也是一种文化的象征，是品牌发展的最高境界。

- 本章将探讨品牌声浪传播的最高境界——无声崇拜。我们将尝试梳理无声崇拜的全貌，包括其崇拜的起源、定义、形式等，重点将聚焦在作为企业一方应如何达到无声崇拜的境界。需要特别指出的是，这种境界的品牌修炼并非只是一朝一夕，它需要企业长时间的沉淀积累。但企业也要相信这并非遥不可及，因为我们正处在一个机遇无限的互联时代，只要静修内功，就有发光的那天。

1 真相

在商业现实中，能够做到无声崇拜境界的品牌并不多见。但通过对无声崇拜的现象探析，我们可以追寻到某些共性：它们总是以优异的认知品质做支撑，在时空跨度下始终如一地传承品牌核心价值，它们有众多传奇故事可以讲述以及拥有浓郁的品牌文化等。

1.1 卓越的品质

优异的认知品质是无声崇拜的物质基础元素。只有高度认知品质的品牌才具备打造品牌崇拜的条件。一个品质低劣的产品不可能获得市场的追捧和消费者的青睐。

◎ 鼎泰丰：小笼包背后的“真功夫”

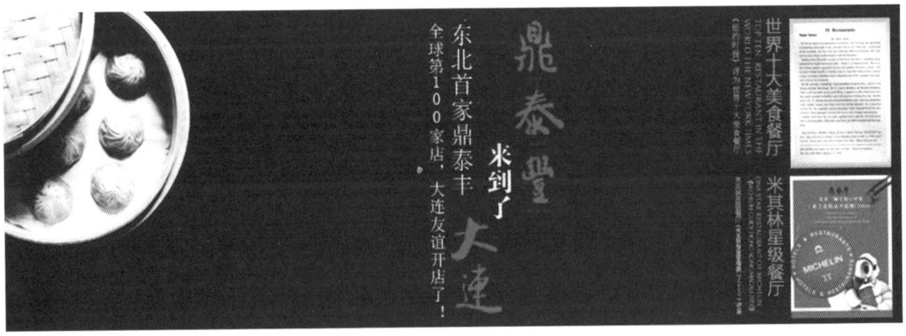

2013年9月份，美国有线电视新闻网（CNN）曾评选出对旅行者来说全球最佳的连锁商店，知名的便利连锁店7-11位列第一，而以小笼包闻名的中国台湾鼎泰丰则高居第二。上榜的连锁企业中，有赫赫有名的希尔顿度假酒店，也有麦当劳、肯德基这样的快餐连锁店。相比于麦当劳、肯德基此类全球连锁餐饮巨头来讲，鼎泰丰的连锁店数量可谓是“九牛一毛”。目前鼎泰丰在全球11个国家和地区只有区区70多家餐厅，但在绝大多数店面，顾客都必须排上一个小时的队才能品尝美食，而在香港的两家鼎泰丰更是米其林一星的餐馆。在台湾它已成为中华传统美食的代表，是众多食客无声崇拜的对象。很多国内外游客到台湾都会到鼎泰丰，只为一尝小笼包的美味。许多名人，如成龙、巩俐、张曼玉、周星驰等都成为鼎泰丰的座上客。

中华美食文化源远流长，小笼包不过是街头巷尾的平民小食，而中式餐点品牌也不乏百年老字号，鼎泰丰算不上是“资深”，却成为为数不多能享誉全球的中式餐点品牌。原因何在?

鼎泰丰的品牌能做到誉满天下，与其严格控制食物品质的坚持密不可分。

中式餐点品质难以控制众所周知。为此，从包子外形，到原料的选择和处理，鼎泰丰对细节的注重几近苛刻。为避免做出的包子大小不一，员工被要求在制作每个小笼包时都要严格遵循面团和馅料的重量指标，以控制小笼包的高品质。具体有以下标准：面皮直径要达到6.5厘米的标准尺寸；成形的小笼包总重量要准确达成21克，过多或太少都得修正；面皮必须要折成18折以上。

像虾、蟹、猪肉和青菜等原料，鼎泰丰是经过专设的中央厨房统一处理后才配送到店面，而且每种原料都有各自的标准处理温度，以保证新鲜。一般的店家会买现成蟹黄入馅，而鼎泰丰是自己用鲜蟹制作的。他们的员工会一只只验蟹，确认每只蟹都处于生猛状态，然后才被处理。

鼎泰丰对于品质的精益求精，不仅体现在生产环节上的把控，还体现在服务细节上。例如新鲜上桌的小笼包每次不能超过一笼，即使食客点了多份小笼包，也是让食客先吃完一笼，再紧接着上另一份，务必确保每个小笼包的新鲜口感。又如控制每天的食客人数，保证员工保持精力充沛，服务食客，同时也让食客能慢慢品尝，体验真正在用餐的感觉。

鼎泰丰创立至今已有43年，在这数十年里它始终坚奉一条信言：为了维持高品质可以不计成本。因此，鼎泰丰创造商业神话的基础要素是优异的认知品质。当然，鼎泰丰无声崇拜的背后也离不开传播的作用。传播让鼎泰丰的声浪越传越远。

1.2 深厚的价值

品牌核心价值是品牌的精髓，它不能仅仅停留在纸面或口号上，它应当能被消费者感受得到，为消费者带来切身的功能性利益、情感性利益甚至是自我表达性利益。当品牌核心价值深度契合消费者心智时，它就能超越产品的物理理念，成为消费者的精神家园与心灵归宿。以持久的定力始终不渝地传播品牌核心价值，以品牌核心价值统率企业一切营销活动，是品牌造就无声崇拜的秘诀所在。

◎ 同仁堂：300 年不倒的秘密

同仁堂药店很早就已名扬海内外，再经过这几年全国各地不断重复播

放电视连续剧《大宅门》，使同仁堂差不多到了妇孺皆知的地步，名气可谓大矣！不过同仁堂可不是浪得虚名，它的名气是同仁堂创办者乐氏家族300余年苦心经营得来的。

从最初的同仁堂药室、同仁堂药店到现在的北京同仁堂集团，经历了清王朝由强盛到衰弱到新中国成立和崛起的历史沧桑，其所有制形式、企业性质、管理方式也都发生了根本性的变化，但同仁堂经历数代而不衰，在海内外信誉卓著，立起了一块金字招牌，真可谓药业史上的一个奇迹。同仁堂的金字招牌为何可以300年不倒？

那是因为历代同仁堂人始终恪守“炮制虽繁必不敢省人工，品味虽贵必不敢减物力”的古训。正是这两个“必不敢”为内容的核心价值，让同仁堂开启了长盛之路，同时获得了国人的信赖。提起中药，许多人都会不约而同地想到同仁堂，可见它稳固地占领了国人心目中的位置，令其信服追捧，成就同仁堂品牌崇拜的传奇。

人们希望能买到疗效好副作用小的药物，给自己或亲友减轻病痛，快速恢复。而同仁堂坚持“配方独特、选料上乘、工艺精湛、疗效显著”的制药标准和“同修仁德、济世养生”的待客之道，无不迎合了这种心理需求，使之跨越了阶级等级，无论是平民百姓还是大腕名流，无论是工薪阶层还是富豪巨贾，都成为同仁堂的忠诚信徒。

为了确保同仁堂的核心价值不动摇，300多年来同仁堂一直坚持严把选料关。在过去，北京同仁堂为了供奉御药，也为了取信于顾客，建立了严格选料用药的制作传统，保持了良好的药效和信誉。新中国成立后，同仁堂除严格执行上乘质量用药标准外，对特殊药材还采用特殊办法以保证其上乘的品质。例如制作乌鸡白凤丸的纯种乌鸡是在无污染的北京郊区专门饲养，饲料饮水都严格把关，一旦发现乌鸡的羽毛骨肉稍有变种蜕化即予以淘汰。中成药是同仁堂的主要产品，为保证质量，除处方独特、选料上乘之外，严格精湛的工艺规程是十分必要的。同仁堂生产的中成药从购进原料到包装出厂有上百道工序，加工每种药物的每道工序都有严格的工艺要求，投料的数量必须精确，各种珍贵细料药物的投料误差控制在微克以下。这些都充分地演绎了同仁堂的核心价值。

纵观同仁堂百年历史，我们可以发现：锲而不舍地坚持核心价值才是品牌生命力旺盛的源泉。同仁堂的核心价值使原本冷冰冰的药物变成暖心的“灵丹妙药”。它不仅给忠诚的信徒们带来功能性利益，更赋予了他们情感上的利益。

1.3　动人的故事

一个品牌的无声崇拜的背后，总会有很多可以信手拈来的传奇故事。这些故事奠定了品牌浓郁文化与厚重历史的基础。一个拥有深厚文化与悠久历史的品牌更容易获得消费者的信赖。

◎ 鼎泰丰：白手兴家的典范

鼎泰丰的创始人杨秉彝先生在20世纪40年代从上海毅然来到台湾闯荡。在亲戚的帮助下，杨秉彝先生得到他在台湾的第一份工作，就是在恒泰丰油行担任送货员。十年后，恒泰丰油行倒闭，杨秉彝先生决定自行创业，开办油行。因为是向一家名叫鼎美的油行批的油，他又出身于恒泰丰，所以他给自己的油行取名为鼎泰丰，以感念恒泰丰对他的恩情。

杨秉彝先生凭着以前在恒泰丰油行建立的人脉和良好商誉，鼎泰丰油行的业务很快就上了轨道。累积了一点积蓄后，他东拼西凑地在信义路买下了一个店面，把油行迁往此处，这就是鼎泰丰信义本店现址。到了70年代，罐装色拉油问世，民众对于购买油品的习惯有了改变，鼎泰丰油行的生意受到前所未有的冲击，生意越来越差。这个危机成为了鼎泰丰转型的契机。杨秉彝把原本卖油的店面改成一半卖油，一半卖小笼包。而鼎泰丰的小笼包在毫无宣传之下，凭着真材实料，客人吃过皆赞不绝口，吃过的客人一个带一个地上门，生意极佳。就这样，鼎泰丰结束油行的营运，正式经营起小笼包与面点的生意，而鼎泰丰成为国际品牌的故事也就此展开。

品牌故事是与消费者建立沟通的工具。好的故事能打破消费者与品牌之间的隔膜，快速建立信任感，激发消费者对品牌的好感。鼎泰丰的品牌故事其实就是杨秉彝先生白手兴家的创业史，他的成功离不开机遇与真诚。这样的品牌故事能让消费者在品味鼎泰丰美食的同时感受到这份传承已久的真诚。

1.4　浓郁的文化

文化是品牌的灵魂，是企业长期发展沉淀下来的稳固竞争力，不会轻易随外界的变化而发生改变。一个富有生命力的品牌必定有着深厚的品牌文化。这种文化差异一旦让目标消费者接受，对提高其品牌核心竞争力是十分有利的。这个时候，品牌文化就成了对抗竞争品牌和阻止新品牌进入的重要手段。这种竞争堡垒，存在时间长，不易被突破。因此，品牌文化可以成为企业的核心竞争力，因为它不可复制，竞争对手难以模仿，具有明显的竞争优势。

◎ 同仁堂：中国传统文化的传承

翻开同仁堂的300年历史，我们可以立刻感受到其深厚的文化底蕴。首先，从同仁堂这一品牌名称我们就能看到中国传统文化的影子。“仁”是中国儒家文化的核心内容，也是人与人之间伦理关系的规范准则。古语有云：为仁者安天下、仁者爱人等等。这种思想影响着中国人上千年的生存方式和思维模式，可以说是中国人心中根深蒂固的一个信念。而同仁堂的“仁”字正好负载着这种信念，因此能得到大部分人的情感认同。

其次，同仁堂的古训“炮制虽繁必不敢省人工，品味虽贵必不敢减物力”，也是其深厚文化底蕴的表现之一。这一古训充分体现了中国的传统文化——诚信。诚信是中国传统企业的道德核心，是中国古代社会商业经济活动中一项重要经营原则。中国历来就有“言必信，行必果”“一言九鼎”“一诺千金”等古训，反映出诚信观念对中国人立身处世的影响。同仁堂的诚信经营理念不仅为它赢得了良好的声誉，还为国人树立了行为典范。

2 新定义

我们通过上文的叙述对品牌无声崇拜有了一定的了解，这种奇特的商业现象并非所有品牌都能达成，是特定的商品类别、时间积累等多种因素综合而成。但并不代表这是一个遥不可及的梦想，尤其是在互联网时代的冲击下，很多常规被打破，让事情变得更容易达成。由此，品牌无声崇拜也需要重新定义。

2.1 网络和机遇促成无声的境界

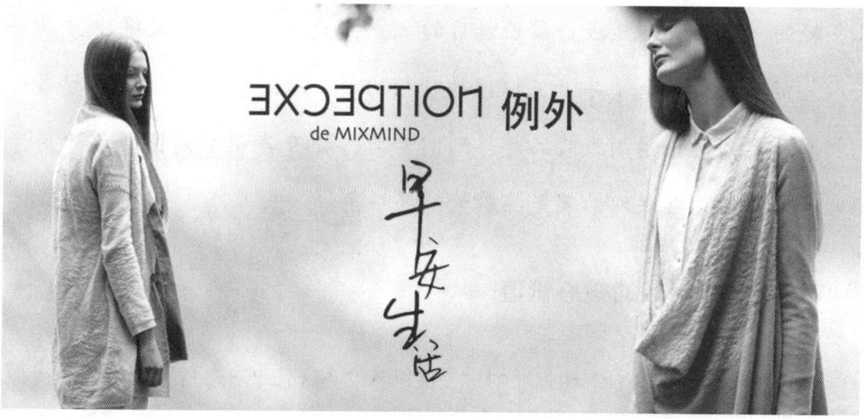

2013 年 3 月，国家主席习近平首次出访俄罗斯，夫人彭丽媛陪同。“第一夫人”彭丽媛一身深蓝色风衣和天蓝色丝巾的搭配给人留下了深刻的印象。仿佛是在一夜之间，彭丽媛所穿服装品牌成为公众搜索热词。随后，外界传出这一身衣服是来自中国广州国产品牌“例外 Exception”。在这之后，例外开始火遍全国，其官网甚至因为访问量过大而瘫痪，而在淘宝上例外的搜索量上涨了 10 倍，相关的商品链接多达数千万个。

这一国家政要在国际政治舞台上力挺国产品牌服装的举动，成功点燃了大众的爱国热情与民族自豪感。民众甚至将这一举动看作是“国货复兴”的契机，在全国各地都掀起了一股民族品牌热潮。

◎ 例外：她的“例外”

这次政治界与时尚界的短暂联姻，给例外品牌带来了不可估量的无形价值。由于“第一夫人”彭丽媛优雅端庄的气质一直广受好评，她本身的号召力无形中给消费者提供了信心的保证；而例外肩负着“振兴国货”的使命更是让它成为冲出国门对抗欧美的代表。国家是品牌最有力的背书，它为例外的品质认知扫清了质疑，同时也让例外达到了一种品牌崇拜的境界。

然而，如果我们翻开例外的发展史，会发现它创立至今不到20年。如此年轻的一个品牌却能成为举世瞩目的焦点，最大的推动力来源于“第一夫人”的支持，但也离不开互联网的传播力量。从彭丽媛首次在国际舞台亮相的那天到舆论猜测服装品牌再到例外微博公开声明引网民热议才用了短短6天，可见互联网的确是品牌崇拜的一条捷径。

2.2 坚持产品的核心价值

例外为什么可以在短时间创造这样一个大局面？为什么例外能获得“第一夫人”的青睐？例外的创始人毛继鸿曾透露彭丽媛与例外首次邂逅的一个细节。当时是2002年，彭丽媛说很少能见到有服装能够把里子做到这么精细的。这就是例外能一举成名的源动力。

大多数人穿衣服是给别人看的，取悦别人的视觉，也就是将衣服的款式、颜色等视觉因素放在第一位。而例外的核心价值是将个人触觉感受放在第一位，也就是提倡注重内在的自我感受，其次才是外在的表达。正是这种人的价值的回归，让例外服装的拥有者真切体会到人文关怀。

例外除了在产品上坚持这种核心价值，它在品牌传播上也是始终如一，注重质感、内涵，不浮夸。例外从未投放过广告，它选择的发声方式是通过终端店铺和一些创意活动深入受众的内心。而且，例外也从未有过找明星代言的打算，但并不排斥名人，它更看重的是与自身风格相契合的“明星效应”。像是在 2001 年负责朱哲琴个人演唱会的服装设计，在 2007 年与导演贾樟柯合作推出电影纪录片等等。就算是作为“第一夫人”服装设计品牌曝光后，例外也不曾大张旗鼓地做公关宣传，仅仅是在官方微博上发出一则声明通告后便再无后续发声。可见例外是真正远离外界纷扰，一门心思专注沉淀内在自我，不背离它所倡导的核心价值，达到“无声”的境界。

其实像例外这样的品牌在国内也有很多，它们同样也拥有深厚的品牌内涵和正面积极的品牌主张，并且不忘时刻向大家传递正能量。但为什么偏偏只有例外幸运地在短时间里大放异彩呢？那是机遇让例外能够和“第一夫人”牵手走过十多年的岁月，也是机遇让“第一夫人”穿着例外服饰在国际政治舞台上亮相。但往往机遇也是不够的，它还得在品牌内修上下苦功。想想看，例外能够让“第一夫人”信赖长达十几年，这其中肯定有我们看不到的坚守与创新。

3 缘起

企业要想炼成无声崇拜境界，需要回到品牌原点区里针对品牌品质、品牌价值、品牌故事、品牌文化四个方面重新审视自己，找到短板，突破升华。

3.1 确保认知品质

认知品质是品牌修炼应该考虑的首要因素。认知品质的基础要素是物理属性，包括产品质量与服务质量。产品质量主要有性能、特色、可靠性、耐用性、适用性、外观等方面。服务质量主要有响应速度、可信度、礼貌等方面。

提高认知品质的第一步是培育推出高质量产品与服务的能力。第一，树立质量意识。企业如果没有将质量作为重要指标，那么就很难生产出高质量的产品与服务。第二，培育质量文化。对质量的责任感应该贯彻在企业文化、企业行为规范和价值观中。在质量与成本的取舍之间，应该以质量为先。第三，定义质量。由顾客来定义质量及其要素，而不是由企业管理层来判断哪些要素是重要的，哪些是不重要的。

当产品与服务具备高品质的物理属性时，第二步需要做的是把实际质量转化为认知品质。这需要某些标识来佐证其认知品质正如公司所宣传的那样。往往重要的质量构成要素很难辨别，比如购车者可能认为耐用性是关键指标，但无法判断其耐用性。因此，第二步的重要任务是找到质量要素的标识。

此类标识包括外在指标（广告数量、品牌名称、价格等）和内在指标（产品特征）。比如，消费者长期接收到某一品牌的广告信息，从逻辑的角度来看，该产品的背后有强大的公司支持，才得以有足够的资金进行传播。品牌名称也对认知品质产生影响，比如，品牌名称冠以“经典、皇家”等词时，该品牌更有可能获取消费者的好感。

高质量的重要指标是高价格。对品质认知度相差悬殊的产品而言，当其他质量标识难以发挥作用时，价格可以更好地暗示产品质量。公众默认“价格与质量呈正相关关系”，因为消费者认为“好品质自然意味着好价格”“便宜没好货”。根据消费者对认知品质的习惯性判断心理，采取高价格常常会促进销售额的增长。

产品特征由于其直观、可感，常常被消费者用来判断质量，尽管这种判断依据存在明显瑕疵。比如，对于洗涤用品，认为泡沫越多，洗涤效果越好。对于汽车，坚固的关门声表明车身结实、安全。大颗果粒的果汁比看不到果粒的果汁，含有的果汁成分更多、更天然。

第三方公正权威的质量认证也可以提高认知品质，尤其是在判断性信息匮乏的情况下。消费者将对第三方机构的信任转嫁到该产品上。

3.2 传承核心价值

品牌核心价值是品牌的精髓，一切营销传播活动都围绕品牌核心价值展开。它可能是情感性的，也可能是功能性的。情感性和功能性孰优孰劣依然处在争议中，但无论核心价值以何种为主，对其的提炼必须具备以下三个原则：明显的差异性（对竞争对手而言）、适度的弹性（对公司而言）、强烈的共鸣性（对目标消费者而言）。差异性的目的在于远离竞争对手，使其在众多品牌中与众不同，更易获取目标群体的注意力。基于公司品牌架构规划的前瞻性考虑，其核心价值必须具有一定的弹性和抽象性，以容纳新产品。不可过分具体到某一产品的特定属性上，避免品牌延伸出来的产品与品牌核心价值不兼容的尴尬，甚至有被要求一定程度上修改核心价值内核的情况。必须具备打动目标群体的能力，这种能力来源于对目标消费者心理的洞察。只有核心价值具备强烈的共鸣性，才能占领目标消费者空间。

根据上述三个原则提炼出来的核心价值，必须在目标消费者与品牌的接触层面上让每一位目标消费者获得一致的、清晰的体验。企业一切价值活动均不得与其核心价值相悖，如产品研发、营销传播等都要尽量体现核心价值的主张。要让消费者的大脑记住我们所传达的信息是相当困难的，如果营销和传播脱节，所传达出来的核心价值理念不一致，消费者便很难记住核心价值，甚至不信任它。

同时，核心价值必须在时空跨度下保持本色，即在长期的时间涤荡下，在不同的地域景观中，始终如一地传承核心价值。在这一点上，本土大部分企业做得远远不够。反观国际知名企业，却把传承核心价值当作创造百年品牌的秘诀，在五年、十年，乃至二十年的品牌战略实践中全力传承一致清晰的核心价值。

3.3　传播您的故事

哥本哈根未来研究学院教授罗尔夫·詹森谈到："企业品牌将在它们的传奇故事和神话的基础上茁壮成长，企业将会逐渐认识到，它们的传奇故事比产品本身更有影响力和感染力。"人们对一个复杂事物的把握和了解，往往不是通过一大堆的数据，或者是理性的分析，而是通过一个细节，一个有血有肉的故事。

故事是品牌与消费者建立密切关系的基础，讲述消费者最期望听到的故事，会使听众产生一种身临其境的感觉，并为故事中的言行而动情，为过程而感动，从而维持消费者的热情。

在信息爆炸时代，企业如何在信息拥挤的通路上有效地传达信息？一个重要的方法就是使你的信息变得不一样，或者说使信息更有趣、更有感染力。通过讲故事的方法就可以达到这个目的。心理研究学证明，面对一种知识或理论的时候，人们如果能够通过一个简单的故事来接受，他们的理解效率可以提高6倍，而且记忆的效果要提高17倍。

品牌故事通过下述三种方法来获得：

第一，总结和整理已经发生过的故事。比如企业创业故事、彰显企业价值观和经营理念的故事等。通过对这些故事的整理和传播，可以让人们对企业的历史、企业的贡献有更真切和具体的了解。

第二，注意正在发生的故事。企业每天都在发生一些事情，企业可以从这些事情中抽取有利于无声崇拜的素材，进而加工成生动、有趣、有意义的故事，然后通过声浪传播扩散出去。比如美国一家企业就是通过故事在市场上树立起良好的品牌形象。他们的做法是：每90天就在企业中举办一次故事比赛，企业里面的所有团队都要参加，所有的故事也必须是发生在企业中的真实事件。故事的内容没有限制，通过主题设定评选出最佳故事，然后通过媒体和其他方式传播，取得了非常好的效果。

第三，创造故事。在企业发生的众多事件中，对其进行行为引导，员工就会朝这个方向努力，争取把自己的每一个行为与事件变成故事。通过选择一个发生在企业中并能代表品牌价值追求的事情，进行记录加工，使之成为故事。这个故事应该有趣、生动，应当具备这样的“五要素”：时间、地点、主人公、吸引性情节和难忘结果。最后通过媒体等方式进行声浪传播。通过对品牌故事的汇总、传播，使这些故事形成一个整体，能客观、具体、生动、系统地阐述品牌文化，塑造品牌形象和认同品牌文化。

无声崇拜的品牌所扩散的声浪圈不是教条式的理论说教，而应该是生动有趣的故事，这些故事所反映的核心价值、文化等要素使员工、顾客等群体记忆深刻，使声浪持久传播下去。

3.4 培育品牌文化

品牌象征一种真实而多元的生活和文化，这种文化渗入商品、产品乃至一切市场行为中，这就是品牌文化。品牌文化是指文化特质如经营观、价值观、审美观等观念形成结晶在品牌中的沉积和品牌经营活动中的一切文化现象以及它们所代表的利益认知、情感属性、文化传统和个性形象等价值观念的综合。

品牌文化通过赋予品牌深刻而丰富的文化内涵，建立鲜明的品牌定位，并充分利用各种强而有效的内外部传播途径形成消费者对品牌在精神上的高度认同，创造品牌信仰，最终形成强烈的品牌忠诚。拥有品牌忠诚就可以赢得顾客忠诚，赢得稳定的市场，大大增强企业的竞争能力，为品牌战略的成功实施提供强有力的保障；是品牌在经营中逐步形成的文化积淀，代表了企业和消费者的利益认知、情感归属；是品牌与传统文化以及企业个性形象的总和。与企业文化的内部凝聚作用不同，品牌文化突出了企业外在的宣传、整合优势，将企业品牌理念有效地传递给消费者，进而占领消费者心目中的有利位置。品牌文化是凝结在品牌上的企业精华。

品牌文化意味着竞争优势。因为消费者对一种文化产生认同，就不会轻易改变，从而设置了较高的市场进入壁垒，对竞争品牌和新品牌起到了市场区隔作用。消费者购买产品，就意味着他不仅选择了产品质量、产品功能和售后服务，同时也选择了品牌文化内涵。当消费者使用产品时，他们不仅获得了品牌的使用价值，更能从中获得熏陶和感染，他们的知识、审美和心理特征也会因此得以改变。

品牌文化意味着长久生命。从品牌生态学的角度看，品牌可以分为两大类：经济型品牌和生命型品牌。经济型品牌是指以追求经济利益为根本宗旨，把获得最大市场占有率、最高销售额和最高回报率作为品牌成功的最高标准，不重视品牌文化建设，结果使品牌成为一部纯粹的赚钱机器，导致其生命快速衰竭。生命型品牌是超越经济利益的生命机体，通过建立优秀的品牌文化而对消费者产生持久魅力，它更注重长远利益，它的生存能力和发展潜力随着机体的健康成长而不断延续。

品牌文化必须来自于消费者心声，并最终回归消费者心灵。许多品牌文化要么过于自恋、孤芳自赏，要么过于博爱，不顾消费者的个性感受。因而品牌文化要与消费者的需要和意愿保持一致，要以消费者为中心，进行全方位的声浪传播。既要在生产经营管理中渗透文化意识和文化观念，营造文化氛围，又要努力提高员工的文化素质和技术水平，树立员工信念，使每个员工都了解自己的品牌文化。

结语

无声崇拜，表面上看似是一种无声现象，与声浪传播背道而驰，实质上它是基于对消费者深刻洞察的基础上，坚持品质和情怀，经过了无数个春秋的沉淀和轮回，也同样经历过原点培育、发声、倾听回声、无声等阶段，潜移默化地在目标受众的心智中树立了品牌领导地位。这种地位不受争议地催生一种消费者狂热追捧的商业现象。本章对无声崇拜的定义、特征、形成路径进行了尝试性探析。虽然这种奇特的商业现象不是所有品牌都能达成，可能需要特定的商品类别、时间累积等多种因素综合促成。但在互联网时代的大环境下，它并非是遥不可及的。在品牌原点构建足够强大的前提下，“互联网 +”的精神和移动互联的机遇是促成品牌无声崇拜的两大利器。期望在不久的将来，能有更多的中国本土品牌成为无声崇拜的对象！这也是声浪传播学的终极目标！

参考文献

Reference

[1] 格力总裁董明珠 [EB/OL]. 网易财经会客厅 . http：//money. 163. com/special/zfdongmingzhu/.

[2] 走出国门的“老干妈” [EB/OL]. 经济视野杂志网 . http：//www. jjsy. org. cn/Template/news/0005850. html.

[3] 日本品牌故事：男前豆腐店——化豆腐为神奇的绝妙创意 [EB/OL] . 品逼格 . http：//www. e - future. com. cn/news_details. php? nid = 1871

[4] 全国食品安全周开幕，春光食品谈好品质需坚守三不 [EB/OL]. 新浪新闻 . http：//news. sina. com. cn/o/2013 - 06 - 19/114927440666. shtml.

[5] [美] 戴维·罗伯逊，比尔·布林 . 乐高：创新者的世界 [M]. 北京：中信出版社，2014.

[6] 服务创新之路，惠普金牌服务 360°用户关怀 [EB/OL]. 成都晚报 2012 - 03 - 14 日. http：//www. cdwb. com. cn/html/2012 - 03/14/content_1529214. htm.

[7] 方太之道：无为而无不为 [EB/OL]. 网易财经 . http：//money. 163. com/10/0919/09/6GUF9QL800253G87. html.

[8] 4G 大战，移动的融媒体整合传播 [EB/OL]. 广告门 . http：//www. adquan. com/post - 4 - 26060. html.

[9] 酸奶小品牌 Chobani 的社交大影响 [EB/OL]. Socialbeta. http：//www. social-

beta. com/articles/case - study - chobani - social - impact - 2013. html.

[10] 揭秘 Nike 奥运布局：争分夺秒的 17 个日夜 [EB/OL]. 广告门. http://www. adquan. com/post - 1 - 13702. html.

[11] 西门子推出“我不想洗碗”战役 [EB/OL]. 广告门. http://www. adquan. com/post - 3 - 28381. html.

[12] 陈韵博. 广告的嬗变与升级 [M]. 广州：暨南大学出版社，2014.

[13] 台湾远传电信：开口说爱，让爱远传 [EB/OL]. 广告门. http://www. adquan. com/post - 15 - 26602. html.

[14] 多芬“真美行动”折射了什么 [J/OL]. 新民周刊. http://xmzk. xinminweekly. com. cn/News/Content/1188.

[15] 徐璟. 尊尼获加“语路”计划：梦想全纪录 [EB/OL]. http://www. adquan. com/post - 2 - 6642. html.

回响

Echo

读者对声浪传播的反馈

认真拜读后，大开眼界，如醍醐灌顶豁然开朗。以前对品牌的零散细碎的想法得到了系统化的整理和学习，受益匪浅。与书中的很多观点甚合，尤其喜欢这一句：独特情怀的产品更能俘获消费者。我们正是要创造这样一个有着鲜明态度、独特情怀的品牌！

——吴承谕

好品牌是在你需要的时候第一时间所想到的那个名字，那个你生活中的一部分。无数品牌都在努力成为这一种，但是每年都会有无数的品牌消失，究竟原因出在哪里？《声浪传播》细致地分析了多个层级品牌的行为内幕，值得每一位用心的营销人细致研读。

——曹丹

在市场环境越来越浮躁的今天，企业运营面临巨大的挑战，危机与新机遇在考验着企业的决策能力。“声浪传播”理论适时而出，让人耳目一新！

——丁秀洪

说实话，《声浪传播》是我目前看过的最全面最系统解读品牌的一本书。书中用众多经典又接地气的案例，通俗有趣地带着我们进入品牌声浪传播的世界。外行人通过案例故事感受品牌传播的魅力，而我作为一个在内行门外徘徊，渴求着探知内行人“门道”的边缘人，则是在该书中第一次领略到声浪传播的系统宏观世界的风采。

——方媛

声，是向四周传播扩散的；浪，是一环扣一环，一波连一波，不断向前翻滚的。浪是由声而来，被声推动着往前的。那什么样的声音才能掀起巨浪呢？在《声浪传播》里能找到答案。

——林玉清

声浪传播理论以消费者的心声为核心，寻找最具迫切需要的“发声点”，引发其内心的共鸣，推动它形成“共振”，在声浪的轰鸣中推陈出新，潜移默化，将品牌牢牢地植根于消费者的心中。这种“润物细无声”的方式，在我看来不可不谓之为“声浪传播”的智慧。

——廖文欣

我很喜欢书中的一句话：一个品牌就是一个生命。声浪传播就是试图描绘这个生命的成长轨迹。它一直陪同着品牌的成长，从无到有，直到品牌深入人心。这一过程要求品牌必须时刻倾听与关注消费者的心声和利益需求，而且要把消费者纳入声浪传播的过程中来，共同传递着品牌的理念、价值、文化。

——叶翠萍

有了声浪就等于有了市场话语权。了解消费者是品牌声浪传播的开端，从消费者的心声开始，到消费者的内心共鸣为止。《声浪传播》这本书就是从原点、声音、声浪的视角切入市场领域的，它刷新了我们对品牌传播的传统理解，给我们带来了有益的启发。

——杨奕

每个章节都有生动、有代表性的案例。在分析案例中总结出理论，并附以图像加以解说，言语通俗易懂，不像那些学术文章深奥生涩。每一章的案例都能很好地阐释出本章的主旨，让读者在阅读故事中就能明白作者要表达的意思，读起来很舒服。总的来说，这本书是对营销理念的一种创新、一种超越，是一种实用工具书。

——陈文

在阅读《声浪传播》之前，其实我已对声浪的传播观念有所耳闻。很幸运今天能亲身拜读，让我能借此更深入地了解声浪的传播理念，加深对品牌建立、壮大的了解。本书以声浪为线索，从声浪的发生，到音量的增大，再到音质的飞跃，再到声浪的外扩，最后到达无声的崇拜，逐层递进，环环相扣，让人一步一步随着书本走进声浪的世界。这本书让我对品牌传播有了更深的认识，也让我思考了更多，品牌想发展需要声浪传播！

——秦倩滢

声场

Field

优秀自媒体推荐区

不在城市

微信号：buzaichengshi

简介：希望大家能在如此纷扰的社会中，找到一片心中的绿洲！

互联网 er 的早读课

微信号：zaoduke

简介：专注互联网产品、用研、交互、设计、运营领域精选内容。信息爆炸的社会，每天用心地去读一篇文章，也许胜过你的走马观花。

不止读书

微信号：buzhidushu

简介：不止读书，读书不止！

鬼脚七

微信号：taobaoguijiaoqi

简介：分享电商资讯、搜索变化、淘宝动态、产品设计、管理心得、生活感悟；偶尔文艺，偶尔深沉。

小道消息

微信号：WebNotes

简介：小道消息，只有小道消息才能拯救中国互联网，只有小道消息才能拯救中国创业者。

老金扯谈

微信号：socialab

简介：关于社交网络，关于美食，关于扯淡，关于复古等等。

吴晓波频道

微信号：wuxiaobopd

简介：著名财经作家吴晓波进行独家内容发布的自媒体，涵盖视频、文章和测试。

顶尖文案 TOPYS

微信号：TOPYSCN

简介：抢先知晓全球最新鲜、最棒的创意资讯。

众筹网

微信号：zhongchouwang

简介：说出你的创意与梦想，也许你就会得到意想不到的支持。请相信，人人都是创业家！

营销兵法

微信号：lanhaiyingxiao

简介：全国营销界第一自媒体“营销兵法”，超 50 万精英订阅！关注互联网、电商、新媒体、零售、金融等行业，每晚推送营销、销售、广告、创业类资讯。

致谢

Thanks

链接一切的力量

坐在椅子上静静地待着，回想这两年来的写作过程。从组建课题组到采访企业，从创作稿件到头脑风暴，从最初的封面设计到改了十几稿的设计定稿……一幕幕在我眼前闪耀着，心里升起一串串的感动和感恩。两年时间一眨眼就过去了，这中间有很多很善良的大小伙伴积极参与，他们的名字一个一个地在我心里留存下来，他们是：陆炯宇、陈盈璐、叶晓微、王慧、史朕、陈引全、邓梦妍、车婧、钟炎、陆香、史巧敏、刘嘉静、王雪莹、郭洁莹、吴焕彰、郭晓婷、冯子君、陈晓菁、赖诗婷、黄文琛、陈韵霖、张涛、陶明、冯玉宇、邝永怡、林忠、毕玉强、李嘉泳、林剑、田鸿、杨佳名、冯洁谊、孙晔、龚骏剑等。

声浪传播理论的研究，最初的灵感来自于十年前在港大的学习，所以，在此首先要特别感谢港大和曾经教过我的老师们——杨仕铭、徐亿雄等，尤其是刘宁荣教授；还有我生命中最重要的哲学启蒙恩师——山东曲阜师范大学的苏树华老师；还有2009年合著第一本书的段淳林教授和王勇、吴明康等课题组的成员；还有很多的企业家和热心的老师和朋友们；还有一直陪伴和支持我的家人以及公司所有的同事！在此也衷心地感谢南方日报出版社的周山丹女士对本课题研究出版的帮助！

有些案例来自网络，在此向原创致敬！期盼着读者的批评与交流！

李泊霆

2015年8月13日于广州